教育部人文社科研究项目：
"立德树人"引领高校创新创业教育生态系统：发展趋势、关键问题与引领机制研究（编号：19JDSZ3041)资助

姚 远 冉玉嘉 著

高校创新创业教育生态系统构建研究
——以"立德树人"为引领

GAOXIAO CHUANGXIN CHUANGYE JIAOYU
SHENGTAI XITONG GOUJIAN YANJIU
YI LIDE SHUREN WEI YINLING

 四川大学出版社

项目策划:杨丽贤
责任编辑:杨丽贤
责任校对:黄蕴婷
封面设计:墨创文化
责任印制:王 炜

图书在版编目(CIP)数据

高校创新创业教育生态系统构建研究:以"立德树人"为引领 / 姚远,冉玉嘉著. —成都:四川大学出版社,2019.11
ISBN 978-7-5690-3167-6

Ⅰ.①高… Ⅱ.①姚… ②冉… Ⅲ.①高等学校-创造教育-研究-中国 Ⅳ.①G640

中国版本图书馆 CIP 数据核字(2019)第 259475 号

书名	高校创新创业教育生态系统构建研究
	——以"立德树人"为引领
著　者	姚　远　冉玉嘉
出　版	四川大学出版社
地　址	成都市一环路南一段 24 号(610065)
发　行	四川大学出版社
书　号	ISBN 978-7-5690-3167-6
印前制作	四川胜翔数码印务设计有限公司
印　刷	郫县犀浦印刷厂
成品尺寸	148 mm×210 mm
印　张	6.75
字　数	113 千字
版　次	2019 年 11 月第 1 版
印　次	2019 年 11 月第 1 次印刷
定　价	35.00 元

◆读者邮购本书,请与本社发行科联系。
　电话:(028)85408408/(028)85401670/
　(028)85408623　邮政编码:610065
◆本社图书如有印装质量问题,请
　寄回出版社调换。
◆网址:http://press.scu.edu.cn

■版权所有◆侵权必究■

前　言

创新创业教育生态系统在这几年间逐渐完善，但在发展过程中仍不断涌现出新问题、新挑战。

一、创新创业教育生态系统的特点

（一）主体数量与性质多样性

教育未来将发展成一个所有人教育所有人的生态系统，中国教育技术协会在 2016 年提出了"互联网+教育新生态系统"的理念。在创新创业活动中，以高校为核心的利益主体正在融入创新创业教育活动，利益主体分为外部主体（政府、科研机构、企业、金融服务机构等）和内部主体（学生、学校管理部门、学院等）。主体数量的激增会导致协调工作量的增加，主体性质的多样性会让角色、行为、目标取向等方面产生更多的不匹配和矛盾。

(二)教育需求出现差异性

在创新创业教育生态系统中,政府希望能够培养出具有集体主义精神、维护国家利益的高水平人才,高校和研究机构希望能够顺利培养出具备专业素养、兼顾通识知识的人才,企业等营利机构希望能够培养出具有本行业高水平技术和创新能力的人才,用户、社会利益相关者希望能够培养出能承担社会责任的人才,而学生本身希望则能够学习专业技能、提升知识水平、实现个人价值。每一类主体都对创新创业教育有着不同的需求。

(三)价值取向的新要求

随着创新创业生态系统中产教融合、校企合作的开展,企业对人才提出了更高的要求,使价值取向的内容不断丰富。创新创业教育生态系统中的多样性、差异性和丰富性,需要一个社会普遍认同的价值取向作为协调的核心,统领新时代新精神的发展。基于此,本书提出用"立德树人"思想引领高校创新创业教育生态系统的发展。

在新时代中国特色社会主义发展背景下,将"人才强国战略"和"创新驱动发展战略"往往合为一体,成为国家重要战略。2018年6月30日中国共产党四川省第十一届委员会第三次全体会议提出"把教育放在优先发展位置",在创新过程中"做大做强人才智力支撑"。而在如何发展高等教育事业方面,"把立德树人作为教育的根本任务"的理念首次在党的十八大报告中被提出。在党的十九大报告中,此项被列为"提高保障和改善民生水平,加强和创新社会治理措施"之首。换言之,思想政治工作、创新创业教育、创新型人才培养与国家发展息息相关。要以"立德树人"作为教育的根本任务,以办好中国特色社会主义大学作为高校建设的根本目标,在"创新驱动发展"、建设世界一流大学和一流学科的发展背景下,走具有我国独特历史、独特文化、独特国情的高校思想政治教育工作的发展道路。

教育,最终的目的是育人,创新创业教育是为了培养创新者和创业者。19世纪,法国经济学家萨伊提出"创业者"的概念,并将其运用到经济领域,形成了"企业家精神"的概念。创新者、创业者善于把握机会,勇于承担风险,能够将不同的社会资源进行有效配置、组合、运用。诚如熊彼特所言,创新创业更多的是一种精神层面的体现,代表着一种以创新活动为基础的思维逻辑、思考方式和个人活动能力。

随着《中共中央 国务院关于深化体制机制改革加快实施创新驱动发展战略的若干意见》和《关于深化高等学校创新创业教育改革的实施意见》等相关文件、政策的出台,创新创业教育内容不断深化,发展水平也在不断提升。必修课程、选修课程、创业课程、专业课程、实践课程被相应地纳入本科生、研究生、MBA等课程中,综合了项目路演、创业竞赛、大讲堂、基金申请、创业特训等实践教学内容,使得高校的创新创业课程形成了一个差异化、开放式的生态系统。随着"创新系统观""创新三螺旋理论"的提出,高校的知识生产、传播和教育功能更加突出。

二、本书关注的问题

本书所关注的"立德树人"引领下的高校创新创业教育生态系统如何构建、如何实施,以"立德树人"为核心的思想政治教育理念在创新创业教育生态系统中体现何种作用等问题,是创新创业教育理论研究的重点和难点,也是将思想政治教育融入新时代的重要途径。巨变的时代,意味更加复杂多变的市场环境、不断变革与重构的国际社会、高速迭代的科学技术、转型升级的经济形式。高校必须以"创新创业教育"为抓手,帮助学生迎接新时代的新挑战。我国"创新驱动发展"的国家战略,对高校创新创业教育改革提出了殷切希望。创新创业教育生态系统的建设,意味着传统知识的快速更新、行业界限的打破、专业结构的重组,也意味着对跨学科人才需求量的大幅提升。然而,在创新创业教育生态系统建设的同时,系统的多样化、差异化程度显著增加,如何形成行为协同与合作,并在此培养具有社会责任感和时代使命感的创新创业人才,是创新创业教育实践过程中需要直面的重大问题,也是思想政治教育需要重点解决的问题。

本书探讨以"立德树人"引领高校创新创业教育生态系统时,基于以下几个问题进行了思考:

(1) 以"立德树人"为中心的高校思想政治教育思想,包含了哪些内容?

(2) 创新创业教育生态系统中存在哪些问题?

(3) "立德树人"能够解决创新创业教育生态系统中的哪些问题?

(4) 如何将"立德树人"的思想政治教育思想融入高校创新创业教育生态系统中?

这些问题,一方面说明了高校思想政治教育的时代背景；另一方面，是高校创新创业教育进行系统化、整体化的改革、提升与完善时需要重点思考的。

三、本书内容的整体逻辑

（一）问题发现：创新创业教育生态系统

创新创业理论在近几年的发展中，明显呈现出多主体、平台化、网络化、系统化趋势，强调整合观（清华大学陈劲教授的"整合式创新"）、全面观（浙江大学许庆瑞教授的"全面创新管理"）、开放观（加州大学伯克利分校教授 Chesbrough 的"开放式创新"）和协同观（麻省理工学院研究员 Peter Gloor 提出的"协同创新"）。本书期望通过梳理当前创新创业理论发展的趋势，明确"创新创业教育生态系统"究竟是什么，从而发现系统中究竟存在哪些问题。

（二）关键问题：以"立德树人"为思想引领

创新创业教育的发展，会随着创新创业教育生态系统的建立而趋于系统化。这就意味着，创新创业活动会有更加多样化和差异化的创新主体、更加复杂的协同合作、更多的学科交叉。将"立德树人"纳入创新创业教育生态系统当中，应从以下三个方面来理解：第一，明确"树人"是创新创业教育的逻辑起点;第二,明确"立德"是创新创业教育的支撑点,要从教育入手,从根本上解决各类差异问题,使得各类主体能够在思想观念上形成一种稳定的分布态势,理顺不同主体间的关系;第三,明确"发展"是创新创业教育的最终目的,建立一个和谐、良性循环的创新创业教育生态系统,兼顾国家、高校、企业、学生的发展。

(三)融合机制:以"立德树人"引领创新创业教育生态系统建设

针对如何将"立德树人"融入创新创业的课程内容,必须设计出适宜的融合机制,这涉及嵌入、运作、反馈等过程,要使创新创业教育内容和教育成果符合社会主义核心价值观,真正将创新者和创业者培育成具有中国梦的奋进者、开拓者。

本书由姚远、冉玉嘉合著。在第四章"'立德树人'对创新创业教育生态系统的引领"的写作中,西南石油大学党委组织部副部长张凤提供了相关的政策建议,并参与了模式构建等工作;在第三章"创新创业教育生态系统况"、第五章"'立德树人'引领创新创业教育的保障体系"的写作中,西南石油大学外国语学院党委副书记孙德刚、土木工程与测绘学院辅导员吴放帮助查阅、整理了相关资料,并对相关研究进行了实践探索。此外,在本书的写作过程中,借鉴和吸收了我国许多专家、学者的研究成果,在此一并感谢。

目 录

绪 论

第一节 "立德树人"是高校教育之本……（ 3 ）

第二节 "立德树人"引领创新创业教育的时代意义……（ 6 ）

第三节 创新创业教育生态系统与人才创新……（ 21 ）

第四节 "立德树人"与高校创新创业教育的相互关系……（ 26 ）

第五节 以"立德树人"为引领的创新创业教育……（ 34 ）

第一章 创新创业教育生态系统的基本概念

第一节 创新教育……（ 45 ）

第二节 创业教育……（ 46 ）

第三节 创新创业教育……（ 48 ）

第四节 创新创业教育生态系统……（ 53 ）

第二章　创新创业教育的相关理论

第一节　人力资本理论…………………………（63）

第二节　生态系统理论…………………………（68）

第三节　三螺旋理论……………………………（76）

第三章　创新创业教育生态系统

第一节　创新创业教育生态系统的构成要素

………………………………………（91）

第二节　国内外创新创业教育生态系统的运行情况……………………………………（102）

第三节　高校创新创业教育生态系统现状分析……………………………………（121）

第四章　"立德树人"对创新创业教育生态系统的引领

第一节　思想政治教育与创新人才培养……（131）

第二节　"立德树人"的作用机制…………（135）

第三节　将"立德树人"融入创新创业教育生态系统……………………………（140）

第四节　反馈过程：创新创业教育生态系统的循环发展……………………（151）

第五章　"立德树人"引领创新创业教育的保障体系

　第一节　政府：建立创业保障机制…………（171）

　第二节　风险投资：保障创业实践资金来源
　　　　　…………………………………………（175）

　第三节　企业：实现生态系统的资源互补和
　　　　　信息流动………………………………（178）

　第四节　高校：建立高校创新创业教育生态
　　　　　系统……………………………………（179）

　第五节　内合外联：发挥高校在创新创业教
　　　　　育生态圈中的主体作用……………（182）

　主要参考书目……………………………………（185）

绪 论

第一节 "立德树人"是高校教育之本

一、宣传教育

培育社会主义核心价值观,必须注重宣传教育,大学要把社会主义核心价值观的"三进"(进教材、进课堂、进头脑)摆在首位,充分发挥课堂教学的作用,在思想政治理论课、专业课等各个环节渗透社会主义核心价值观的内容,加深大学生对社会主义核心价值观的理解和认识。既然社会主义核心价值观是中国文化之传统,那么培育过程中就要充分运用文化的熏陶和浸染机制,促进社会主义核心价值观的内化。要把社会主义核心价值观培育与我国传统文化传承紧密结合起来。

二、实践育人

培育大学生的社会主义核心价值观,必须注重实践育人,引导大学生参与社会实践,并让其在实践过程中积极践行社会主义核心价值观。学习理论知识时，仅从理论层面去理解是不够的，想要实实在在地掌握知识和技能还是得靠实践操作。透彻认识事物的本质，准确把握发展规律，形成正确价值追求，准确把握书本知识固然重要，但更重要的在于创新实践形式，将课堂传授的理论知识同实践操作结合起来。对大学生来说，开展社会实践能帮助其更好地了解我国国情，更好地增长自身见识、提高技能水平，同时也能磨炼意志，让其积累更多社会经验，拓宽就业创业的渠道。开展社会实践，同时也可以将社会主义核心价值观从外化的形式慢慢内化到青年大学生的思想中。

三、情感认同

培育大学生的社会主义核心价值观，必须注重情感认同，让大学生真正从内心、思想上接受和认同社会主义核心价值观的意义和价值。首先要做到尊重、继承、传扬和保护蕴含优秀传统文化的民风民俗，用潜移默化的方式去传递和弘扬传统民族文化，让大学生学习和汲取传统文化中蕴含的价值观和道德精神。其次树立践行社会主义核心价值观的典型，使学生通过身边的人和事来认识社会主义核心价值观的真正意义，从而产生道德情感共鸣，营造弘扬和追求真善美的美好氛围。最后要将社会主义核心价值观与学校特色相结合，大力开展校园文化建设，营造良好的创新创业校园文化风气，完善校园文化活动的流程，从而让社会主义核心价值观真正内化到大学生的心中，让他们在此过程中得到更多的情感满足。

因此，将切实体现社会主义核心价值观的"立德树人"理念作为创新创业教育实施的指导思想，有利于培养大学生团结友爱、诚实守信、执着奋进的品质以及社会责任感，有利于大学生树立有价值和意义的家国情怀和创新创业观。可以看出，"立德树人"能为创新创业教育"保驾护航"，而创新创业教育是"立德树人"实施的有效渠道，这二者联系紧密，相辅相成。

第二节 "立德树人"引领创新创业教育的时代意义

一、主体数量与性质的多样性

高校开展创新创业教育的目标是以培养学生全面发展为核心，以培育创新创业型人才为宗旨，从而达到促进高等教育事业同科技、经济和社会等同步发展的效果。创新创业活动对提升经济社会发展、促进科技成果转化的作用逐渐成为当今社会的共识，高校创新创业教育工作也被提升到了前所未有的高度。2005年中共十六届五中全会报告《中共中央关于制定国民经济和社会发展第十一个五年规划的建议》明确提出了建设创新型国家的布局和设想："要把增强自主创新能力作为国家战略，致力于建设创新型国家。"国务院办公厅在2015年出台的36号文件《国务院办公厅关于深化高等学校创新创业教育改革的实施意见》（以下简称《意见》）中指出，为了促进经济提质增效，同时满足国家提出的实施创新驱动发展战略的要求，高校开展创新创业教育成为迫切需要。高校需要主动适应当下的经济发展新常态，将素质教育作为发展主题，将提升人才培养质量作为核心，全面突出创新教育的育人功效。

党的十七大报告提出"优先发展教育，建设人力资源强国"理念，而且党章中也增写了人才强国基本战略，保障并提升了人才强国战略的地位。党的十八大报告提出加大创新创业人才培养支持力度，支持青年创业。《意见》进一步从顶层设计层面要求高校以创新创业教育理念引导和支持大学生创新创业，从而促进创新创业教育的发展。十八届五中全会上五大发展理念（创新、协调、绿色、开放、共享）的提出，显示出创新发展的重要地位，随之而来的是各个层面不断推进的创新发展。党的十九大报告提出"建设教育强国"的新要求，即将"立德树人"的根本任务作为发展教育事业的新目标，将党的教育方针贯穿发展素质教育、培养全面发展的合格建设者和接班人的现代化教育过程中，从而保证了教育的公平性，提升了人民的满意度。

在以上背景下，各高校教育发展的新趋势已演变成实施创新创业教育改革、推进大学生创新创业发展。为了保障创新创业教育的顺利开展，政府出台了一系列提高教育质量的政策：通过政府激励手段加强创新创业教育发展；通过学校、政府和社会各界的协同发展来优化创新创业环境；在各项措施和创新创业优惠政策的支持下，将创新创业教育贯穿人才培养的全过程，从而鼓励大学生以创业带动就业。

然而，麦可思研究院《2017年中国大学生就业报告》显示，大学生创业率为3%，创业成功率不足5%。大学生在创业过程中仍受到诸多瓶颈的束缚。创新创业教育作为一项涉及培养大学生创新创业意愿、精神以及能力的复杂工程，不仅需要学校这个主力军，还需要政府、企业、大学生个体及家庭多元主体共同努力和助力推动，充分发挥各主体的作用是促进高校创新创业教育发展的必然。这些主体之间是相互联系和相互作用的，从生态系统的角度去理解这些主体的本质联系，可以将他们之间的联系看作在系统内部通过向"食物链"和"食物网"输送营养来达到关系主体的平衡；从建筑物构建的角度去理解这些主体的本质联系，可以将其看作建筑物所需原材料（水泥、沙、砖块）混合而建成稳定的整合主体，但各部分之间相互独立。目前的教育体系构建的形式主要是"一对多",即单主体、多受众,这种教育体系最大的特点就是标准化。而我们的教育方式应该与时俱进,以适应未来的发展需求。

目前,教育已逐步从建设"完美学校"向构造"完美教育生态系统"转变,从单个体教育多个体向所有人教育所有人的生态系统迈进,并在互联网时代,将"互联网+教育新生态系统"理念融入教育教学,以适应当下时代发展的的要求。在创新创业活动中,要构建完美的创新创业生态系统,需要以高校为核心的内外部主体共同努力。

以美国为代表的国外创新创业系统,已经有较为完善的生态化培育发展模式。麻省理工学院、百森商学院、斯坦福大学在美国高校创新创业生态系统实践中处于领跑地位,其成功经验被众多高校借鉴。麻省理工学院的创新创业生态系统构成主体主要包括项目和创新创业中心、创业教育体系以及学生社团等。百森商学院从构成要素来定义学校的创新创业生态系统,主要包括政策法规、金融资本、创业文化、基础设施、人力资本,并对每个领域进行细分,形成了相互对应的100多个基础因子。斯坦福大学则是用生态系统的相关要素去定义创新创业生态系统中的主体要素，认为构成自然生态系统的要素包括水、土壤、大气、阳光及其他无生命物质，对应到创新创业生态系统中，即办学理念是生态系统的土壤，课程体系是生态系统的空气和水分，政策（制度）是生态系统的阳光。

而在我国，学者对创新创业生态系统的认识各有不同。有的学者认为创新创业生态系统是由学校、政府、企业、家庭和学生四个子系统构成的；也有学者认为创新创业生态系统由八项生态因子构成，具体包括大学生、政策环境、社会资助机构、高校管理部门、师资水平、课程体系、社团组织和创新创业实践基地等，在这八项因子中，大学生为系统的核心主体。在构成要素方面，也有学者认为组成创新创业生态系统的主体要素为大学生创业企业、高校及科研机构、政府机关、创业孵化器、投融资机构及创业中介服务机构。从各个学者的研究中可以发现，创新创业生态系统的主体是以学生为核心的各利益相关者，主体数量的多少决定了生态系统中各主体之间的协调互助工作量的大小，因此，主体数量的激增意味着更多的协调工作。

虽然我们对创新创业生态系统的各构成主体及其组合有了大致的了解，但主体之间如何建设和协调，各个主体的性质对创新创业教育的影响等仍有待研究。分析创新创业生态系统各构成主体的性质特点，可以通过生态系统中同群落主体间的种间关系进行。种间关系是指同类生物种群中的不同个体共同利用同一生态位而产生的相互作用。从生物学的生态位势来说，各个创新创业主体同处一个群落，会直接或间接地抑制或促进对方的发展，该类关系被称作种间竞争关系。如果将创新创业生态系统中的各个主体与自然生态系统中的各个角色相对应，则可以将科研机构和企业定位为生产者，因为这两者都是通过各自产出的科技成果来获取利益的，而科技成果的好坏取决于创新所需的人才、资金和政策等。

在面临主体数量激增和性质多样化时，高校创新创业教育不应该只考虑创新创业成果的数量，而应注重创新创业教育水平的提高。基于当下的国情、校情，我们要加强对学生的市场道德、能力素质、社会责任感、历史使命感的培养，在传授理论知识和实践操作知识的过程中，引导其树立正向的创业观。

为更好地指引学生的职业生涯发展，促进社会的良性发展，将"立德树人"的理念贯穿创新创业教育全过程成为关键战略部署。将两者相结合，主要是从两者内涵具有可融性来考虑的。"立德树人"是将"立德"方面的素质文化培养、先进思想事迹感染以及道德纪律强调等贯穿"树人"层面，培养出符合中国特色社会主义需要，能促进社会稳步发展的综合型、创新型人才。而创新创业教育的内涵是培养优质创业家所应具备的素质，即创新创业的思维、创新创业理论知识和技能知识、创新创业道德品质等，旨在培育出全面发展的合格创业者和社会所需人才。因此，从内涵来看，"立德树人"同"创新创业教育"具有目标一致性，即前者是我国实施人才强国战略，迈入人才强国行列所提出的培养学生创新创业精神和提高社会实践能力的根本任务，而后者的目标主要是通过创新创业教育达到培养社会、国家需要的综合型、创新型人才。这两者有机融合，共生互促。

二、教育需求的差异性

创新创业教育生态系统涉及创业者、创业实践和创业环境三个层面，而该系统运行效果的好坏主要是由具有丰富经验的创业者的数量来体现的。从经济发展的角度来看，可以通过政策、资金、人力资源、社会文化、市场环境以及服务主体六个方面来构建创新创业生态系统的模型。从这点可以看出，创新创业生态系统的构建不是简单地合体，而是一项长期性、复杂性的多主体合作工程，在这个合作过程中，各主体根据自身的发展方向和需求以及想要达到的目标来实现各自的价值，从而推动创新创业教育的发展。

（一）政府的教育需求

政府这一主体在创新创业教育生态系统中的根本目标是培养能实现国家利益，同时具备集体主义精神和社会责任感的高水平创新型人才。换言之，高等学校开展创新创业教育，实施相应改革政策，一方面是响应国家创新驱动发展战略的号召，以实现经济的快速增长、提质增效；另一方面是积极推进高等教育转型改革、优化毕业生质量、提升创业就业质量的关键举措。在政府层面，创新创业教育方面主要是将党的教育方针贯彻始终，以"立德树人"理想信念引领创新创业人才培养，落实人才思想素质建设，提高人才培养质量，完善人才培养机制，从而培养出具备高素质、高社会责任感、高历史使命感的综合型、创新型人才。

在经济发展新常态的背景下，我们要努力在各种政策保障下，推动高等教育同科技发展、经济发展和社会发展的大融合，通过培养具有创新精神、勇于探索创新的大规模创新创业人才队伍，来提高高等教育在经济增长、政策改革、社会结构等方面的作用。为符合当下国情发展需要，推进创新型国家建设进程，实现我国"两个一百年"奋斗目标，以及中华民族伟大复兴的中国梦，高校应坚持以育人为导向，提升人才培养质量；以现在全面推行的创新创业教育改革为切入点，以创新创业教育理念引领面向全校师生、结合专业分类施教、加强实践的教育模式，建立健全人才培养机制，保障人力资源的素质，建立完善的"大众创业，万众创新"生力军队伍。以问题为导向，找准突破口，即找到在创新创业教育开展过程中存在的问题，并将该问题作为创新创业教育改革的抓手，在设置人才培养体系（课程体系建设、教育模式建设、师资水平建设、帮扶政策建设）时，找准人才培养体系中的薄弱环节，通过教学、科研和实践的紧密结合，来达到增强学生创新精神和创业能力以及创新意识的目的，从而补齐人才培养的短板；加强与其他主体的互帮互助和协同推进，汇聚合理培养人才的资源，整合创新创业构建要素，形成统一领导、开放协作、多方共管、全员参与的态势，为创新创业教育和学生创新创业营造一个良好的生态环境氛围，完善创新创业教育体制机制，以达到深化创新创业教育改革的目的。

（二）高校和研究机构的教育需求

高校和研究机构都希望能够顺利培养出具备专业素养，兼顾通识知识的人才。高校和研究机构对创新创业教育提出的要求，实际上来自社会发展对高校创新创业教育的理论与实践的新需求。不管是从国家以创新驱动发展，实现经济增质增效的发展战略计划来看，还是经济发展新常态下"大众创业，万众创新"对于"创新引领创业，创业带动就业"的整体要求来看，都迫切需要高校和研究机构挖掘自身潜力，以深入开展创新创业教育为切入点，深化高等教育综合改革，不断提升高校的人才培养质量以及高校人才培养的教育水平，从而不断提高高等教育在经济增长、政策改革、社会结构、人文民生等方面的贡献水平。

因此，高校和研究机构要探索"面向全体学生"的具体教育方式，一定要明晰这样一个问题：创新创业教育不是功利的只培养具有创业想法的人，抑或是单纯地教授学生怎样创办企业,其核心思想是通过这种模式来培养学生全面发展的能力,并将这种思想作为提高学生创新创业素质的指导方针。在实践中应以此指导思想为引领去探索研究面对全体学生的教育模式,即要改变以往只针对经管院学生、想创业的学生或者是参加竞赛的学生的"精英教育"运作模式,做到真正的面向学校的每位学生。

实现这一点的关键是要打破传统创新创业教育只培养"老板""创业者"的观念性错位,拓展以往被"窄化"的创新创业教育内涵,实现教育教学目标同创新创业教育发展现状的并驾齐驱,总结优秀创新型示范大学在教育教学体制和教师队伍建设等方面的具体策略和做法,以"取其精华,去其糟粕"的方式探索与国家创新驱动发展战略及"大众创新,万众创业"要求相匹配,同时又面向全体学生的"本土化"的创新创业教育体系。

(三)企业的教育需求

企业等营利机构希望能够培养出具有本行业高水平技术和创新能力的人才,就必须实现大中小企业创新创业价值链的有机融合。其中的关键因素是根据营利机构类型,有针对性地选择创新创业教育模式,培养出适合大型企业、科研机构以及中小型企业的科技人才、资深企业家、投资人等创新创业主力军，并基于"社会网络"理论基础实现这些企业内部及企业间创新资源的流通共享，以达到提高这些企业内外部、线上线下相互融通、共生共促的目的。要实现上述目的，可以采取创业导师制，即邀请优秀的企业家作为高校创新创业教育导师，以实践培训、导师引入式的教育模式开展创新创业教育；在高校必修课体系中纳入创新创业教育和实践课程，允许并引导和帮助学生将其创业成果转化为学位论文；实现校企合作育人，通过开展生产性实习实训来深化产教融合。以上做法通过专业化、科学化的手段，抓住实体企业之所需，向其提供能识别风险、具备定价能力的创新创业优质人才。

(四) 学生的教育需求

大多数学生希望能够通过创新创业教育学习专业技能、提升知识水平、实现个人价值。这就要求学生将主体的主观能动性同创新创业教育紧密连接在一起，在接受创新创业教育时，培养自己主动思考和反思的能力，同时做到遇到问题时先分析，再通过调整自己需求目标的方式来达到解决问题的目的，从而进行反馈评价和总结。这种自主学习方式一方面保证了创新创业教育的有效开展，能够不断提高创新创业教育水平和创新创业人才的质量；另一方面，学生可以根据自身的学习方式、学习能力、学习理念，选择优秀的合作伙伴进行自主探讨，根据自己的研究主题选择合适的指导老师开展创新创业教育实践，同时根据自身特长为自己定制所需的创新创业教育内容，甚至可以自主预设创新创业教育实践方案。对这样一个主体性发展过程来说，其根本任务还是提升学生的创新创业能力，但这种方式对学生自身所具备的能力有较高的要求，是以学生主体对自身所掌握的知识技能以及学习能力有足够的了解为前提的。学生根据自己的"定制服务"来挖掘自身的创新创业潜能，完善自身的知识架构，并将学习到的创新知识和能力进行系统性的整合，不断优化自身的知识储备和创新能力。而高校应该充分利用学生的活跃思维，突破以往的观念性障碍，为创新创业教育开展营造良好的氛围。

通过以上主体对创新创业教育的需求分析可以看出，主体不同，需求也有所不同，创新创业生态系统主体间基于获得利益而整合在一起来实现价值。各主体之间可以形成一种网络共生关系，该关系决定了主体之间的网络架构和价值体现是相互作用和相互依存的，不管其中哪一方离开该网络都会导致系统价值下降。所谓的"共生关系"，其实就是不同类别的主体之间相互依赖、共同成长的关系。而在创新创业教育生态系统中，"共生关系"是指各主体在同一创业环境中通过共享知识、人力资源、技术资源形成的一种相互依存和相互影响的共生网络关系，各主体一起作用于系统的发展。

三、价值取向的新要求

在当前信息时代、网络时代的背景下，社会呈现出多元化的思想意识，给高校教育教学带来了较大的冲击与挑战。想要有效顺应这一教育发展趋势，就应采取全新的教学理念与教学方式，而在当前社会多元化的思想意识发展趋势下，高校以"立德树人"引领创新创业教育生态系统发展，具有一定的必要性和重要性。

高等教育在国内外的社会发展中都占据着举足轻重的地位，关系到各国社会经济的发展，而各国社会经济的发展也对人文素质提出了新的要求。因此，将素质教育作为教育的先行步骤，树立德育为先的理念尤为重要。在当代教育改革的背景下开展创新创业教育，应综合考虑宏观因素，培养理性、健康、积极的大学生创新创业价值观。我们要清楚的一个概念是，创新创业教育不单单能够实现创新创业知识和技能的传授，同时也能够完成"立德树人"的根本任务。我们应以此为契机，在改变学生创办公司的初衷的基础上进行创新创业教育，将创业创业教育的"立德树人"思想渗入高校教书育人、服务育人等各方面的教育过程中，以创新创业教育为抓手，使学生发挥自我价值和主体性精神，从而实现自我、实现成长，满足我国社会经济发展对人才的需求。

  以"立德树人"引领高校创新创业教育生态系统的构建，实现了高等教育的理念、原则同教育形式和内容的有效结合；实现了"立德树人"的根本任务同创新创业教育目的的相互匹配。对将"立德树人"同创新创业教育生态系统有机结合的育人机制进行探究，能够为高校创新创业理论教育和实践教育提供新的发展方向，同时也能满足国家人才强国战略的要求。对大学生开展创新创业教育，有效贯彻落实党的教育方针，已逐渐成为我国高等教育发展的必然趋势。

第三节 创新创业教育生态系统与人才创新

一、创新创业教育生态系统

(一) 内涵

最早将生态系统同创新创业联系起来的是美国学者 Dunn，他通过将科研技术同教学、创业活动相结合的方式，研究麻省理工学院是怎样实现创业人才孵化体系建设的。在研究过程中，他发现这些与创业教育相关的资源（课程、项目、资金、师资和服务等）在各主体之间良性互动，同时也加强了相关主体（政府、高校、企业）同大学生的紧密关系，催生出了与创新创业相关的社团组织和学生双创俱乐部等。Dunn 在此基础上提出了创业生态系统的概念。他认为正是因为这些资源之间的良性互动加强了各组织之间的联系，从而催生出了各种组织，营造了良好的创业氛围，从而能够为培养创业人才更好地服务，这种要素之间的循环互动就是构成麻省理工学院创业生态系统的关键所在。到此，我们谈到的都是创业，其实创新和创业两个概念虽属于不同范畴，但是在某种意义上是互通且不可分割的。

我国学者对创新创业生态系统概念的界定主要是从两个视角进行的。第一个视角是生物学视角，把创新创业生态系统中的主体视为"有机生命体"，环绕在这些主体之外的宏观环境形成了这些"有机生命体"生存的环境条件，对应自然生态系统中的无机环境；第二个视角是网络视角，创新创业生态系统中的各主体之间紧密联系、相互作用、相互影响，同时各资源之间又存在良性互动，构成了社会网络关系。

（二）特征

根据以上界定，我们将创新创业生态系统的特征总结为以下三点。

1. 开放性

由相关概念我们可以知道，创新创业教育生态系统的概念是基于创业生态系统这一大背景提出的，因此可以将创新创业教育生态系统定位为创业生态系统的子集，它会与创业生态系统以及其他子集进行信息、资源和能量的分享、交换，呈现开放式的特性。

另外，从系统外部来看，不同高校的创新创业生态系统可能存在着不同的生态因子；从系统内部来看，同一创新创业生态系统在不同时期所拥有的生态因子也可能存在差异。出现这些现象是因为系统内外部之间的交换互动行为，这也说明了高校创新创业生态系统存在开放性这一特征。

2. 复杂性

根据相关研究可以发现，创新创业教育系统内外部存在着多种生态因子，且这些生态因子是相互作用、良性互动的。随着这些生态因子之间互动的增多，它们之间不再是简单的线性关系，而是呈现出一种复杂的非线性关系。此外，这些生态因子之间还会相互影响。因此，创新创业生态系统的复杂性也体现为系统内外部之间的利益博弈以及博弈过程中的变化。

3. 动态平衡性

基于创新创业教育生态系统的前两个特性（开放性和复杂性），可以看出创新创业教育生态系统其实是一个各生态因子间相互吸收、分享、互动的平台，呈现出从有序到无序再到有序、从平衡到非平衡再到平衡的一种循环往复的状态，因此该系统还具有动态平衡性。实际上，相关研究发现，创新创业教育生态系统的动态平衡的时效性其实是很短暂的，这是由系统的开放性特征造成的。各生态因子的随时进入和退出，使得因子之间的组合会随时发生变化，加之这些生态因子的复杂性，很容易造成系统动态平衡的改变。高校创新创业教育生态系统的提出拓宽了高校创新创业教育的研究范畴，从研究创新创业教育的模式及创新创业行为，深化到研究创新创业教育生态系统的构成要素以及内外部环境之间的关系。

二、人才创新

人才是创新的根基，是创新的核心要素。我国于2015年提出深入推进"大众创业，万众创新"战略，这一战略一经发布就引发强烈反响，其中最为人关注的就是人才创新驱动发展战略。据此，有学者提出了人才创新创业生态系统这一概念。人才创新创业生态系统以人才资源为核心，通过整合和汲取来自外部环境的优势资源，融合创新创业生态系统的六大构成要素（创新创业文化、企业、高校、人力资本、投资金融机构、支撑服务机构）和三大环境（政策、法律和市场）来构建生态环境所需的"土壤"。人才创新创业生态系统的建设与培育，对激发国家经济活力、促进国家经济长远健康发展具有至关重要的作用。从目前的发展状况来看，虽然越来越多的学者投入了相关研究，但是研究仍处于探索阶段，对其内涵、构造和特质都缺少统一、规范的界定。为了对人才创新创业生态系统有相对清晰的认识和概念界定，笔者阅读了大量的国内外相关文献，以期对该系统的内涵、构造和特质进行归纳总结。

人才创新创业生态系统，是随着人才在经济发展中作用的凸显而衍生出来的新概念。从基本内涵来说，人才创新创业生态系统为人才集聚提供了一种新的视角。相比生态系统，人才创新创业生态系统的概念和内涵更加复杂，突出表现为有机的、动态的网络化系统结构。目前，学术界致力于以区域为研究范畴，对人才创新创业生态系统进行探索和分析，认为某一区域的经济发展离不开该区域的人才创新创业生态系统的建设。换言之，如果人才创新创业生态系统在某一区域呈现出稳定持续、协调共生的状态，则可通过在系统内实现资源生成、集聚和协调互换而形成有机运行体系，从而使该系统成为驱动该区域社会经济发展的关键要素，同时也为构建资源有效整合、人才有机聚集、要素相互融合和互利共生的和谐区域奠定良好的环境基础。构建以人才创新为核心的社会网络，需要通过营造和谐的创新创业环境，加强创新创业各主体之间的匹配、互融和协调稳定发展来实现。

第四节 "立德树人"与高校创新创业教育的相互关系

一、"立德树人"与创新创业教育目标一致

在新形势下，为适应时代发展，高校实施高等教育改革战略，在改革过程中，以"立德树人"作为思想引领已成为一种共识。因此，创新创业教育工作也离不开"立德树人"的引领和指导，而开展创新创业教育工作的过程也能满足"立德树人"的教育目标要求。目前，高校创新创业教育生态系统已实现智育与德育的紧密结合。为全面提升高校德育工作的质量，高校学生需要将学习能动性运用在理论学习和实践操

作上。同时,高校实施创新创业教育也能时刻体现"立德树人"在教育中的根本任务,从而实现其教育目标,不断提升高等教育的质量和效果。基于此背景,各高校理应以"立德树人"理念代替传统教育理念,引领创新创业生态系统的构建,创新并完善高校创新创业教育人才培养模式。培养出的创新创业人才应该是能将理论知识同实践进行整合,并能将这些知识有效并充分地运用到社会发展中的综合型、创新型人才,以此来展现当前高等教育改革后的创新创业教育的实效性。我国在高校教育中融入思想政治教育,其目的是向国家和社会输送高素质、高品质且具有社会主义核心价值观的应用型人才。这个教育过程实现了国家的发展目标同个人成长目标的协调统一,以人才推动社会和国家的发展,提升国家在国际上的地位。而创新创业教育的宗旨是培养适合时代发展、符合国家和社会需要的创新型人才。这两者目标一致,相互促进、相互作用、互利共生,有助于根本目标的实现。

高校要面向未来教育,创新创业教育也应该随着时代的发展,在"以人为本"的基础上实现现代化,把重心放在培养学生应对未知风险的能力以及个性化发展上。现代化教育强调"以人为本",人既是实践教育中的主体,也是价值实现的主体,同时还是教育教学的受众。教育教学的现代化发展主要是指人的思想的更替迭代,以实现人的现代化。而这恰好与创新创业教育释放主体天性,鼓励主体实现自我价值的实质相一致。传统的以传授理论知识、培养惯性思维为主的人才培养模式已经被以传授交叉学科知识、培养创新思维为主的创新培养模式所取代,而创新型人才培养最终会落实在人文素养培养上。

作为知识型人才聚集的场所,高校应将培养人的工作的起点和重点都落在"立德"上,坚持将"以人为本"作为高等教育改革的思想理念,将"以育人为中心"作为高等教育改革的办学理念,通过培养高质量和高层级的创新型人才来满足社会的需求,努力提高社会对教育的满意度。而由地方政府划拨资金的地方高校,在进行创新创业教育模式转型时,首先应该转变重智育轻德育的教育观念,使人才培养模式从理论式教育转换为实践与理论结合式教育,始终将"立德树人"理念贯穿整个教育教学过程。

二、创新创业教育有助于"立德树人"育人目标的实现

教育关系国家发展,因此党和国家高度重视高校的人才培养情况。作为高品质、高素养人才培养主阵地的高校,在开展教书育人工作时,会受到各方面的影响,因此高校要学会适应时代发展变化,使教育模式与时俱进,有效发挥高校的育人功能。创新驱动发展,万众创新的大环境是素质教育必须直接面对且无法回避的现实状况。不能回避就只有接受,高校应加强大学生的创新精神和奋斗精神培养,提高学生的思想境界,增强学生的外在能力,帮助学生掌握切实的生存之道和社会技能。

我国提出的"立德树人"概念的核心内容为培育和践行社会主义核心价值观,而教育部近几年颁布的与创新创业教育相关的政策文件很明确地将提高学生的社会责任感作为创新创业教育的核心要素之一。由此可以看出,教育的出发点和落脚点都应是"育人"。因此,创新创业教育需要将重心从创新创业知识和技能的培养转到良好综合素质和职业能力培养上,培养出德才兼备的创新创业型综合人才。高校应将创新创

业教育纳入素质教育的"三全育人"（全员育人、全过程育人、全方位育人）过程中，依托创新创业的载体和平台，面向全体学生实施创新创业教育，培养学生的创新精神和创造能力，从而提升学生的知识和技能水平。

创新创业教育工作有三方面同"立德树人"保持一致。一是大学生的行为习惯和决策方式在实践过程中会受自身价值观的左右，因此需要将素质教育和社会主义核心价值观教育渗透进创新创业教育，让大学生自然形成家国情怀，将自身的发展同国家发展和创新创业战略结合起来，从而提升自身的创新创业能力。二是教育在某种程度上是为了培养能够适应社会发展的人才，在创新创业教育中强调实践教育，促进校企合作，是为高校创新创业教育搭建实践基地和平台，以便将创新创业教育中传授的理论知识在实践平台上加以实施，推动实践育人的发展，为大学生步入社会、创办企业进行实践能力和创新创业能力指导。三是高等教育的改革发展和人才培养需要依托创新创业教育来进行，高校应该将创新创业质量作为衡量标准，并将其作为高等教育教学质量评估的重要指标，切实将创新创业教育纳入高校创新创业人才培养体系。

三、创新创业教育是"立德树人"思想教育实践的重要载体

近几年的研究发现,高校的立德素质教育与创新创业教育的融合度较低。因此,在新形势下,高等教育面临着如何提升创新创业教育同思想政治教育之间的融合度,如何营造良好的思想政治教育和创新创业教育的生态环境,如何推动二者协同育人的有效发展,如何向内涵式发展转化等难题。在创新创业时代浪潮的影响下,高校理应在综合考虑国家创新型建设战略以及高等教育改革的历史使命后,主动顺应时代的发展,将思想政治教育融入创新创业教育,实现两者协同育人、相互协作以及同向发展的目标。

"立德树人"理念的培育和实践,一方面依托课堂教学和课外知识面的拓展;另一方面需要将这些理论层面的知识通过实践平台和载体,外化于行、内化于心,做到知行合一。

不管何种形式的创新创业教育都需要依托平台和载体来开展,扩大相关载体的数量,其目的就是保障创新创业教育能够从"表层教育"的初级阶段成长为

更深层次的教育阶段,这需要构建完善的创新创业教育体制,以达到推动教育教学改革的目的。将"立德树人"作为创新创业教育的指导思想,要在实践教育中丰富载体的形式,扩大载体的数量,将创新创业教育纵向贯穿大学生的整个学习过程,横向贯穿其他相关主体对大学生实施教育的各个环节。

四、"立德树人"为创新创业教育提供思想引领

全国高校思想政治工作会议强调思想政治教育应当融入、渗透教育教学的全过程和各环节,使得"三全育人"战略更为完善,为我国高等教育事业的发展打开了新局面。以人为中心的思想政治教育的工作重点是新时期的永恒话题。作为现代教育的思想理念,"立德树人"教育能够激发人的创新思维和创造性,从而调动人的积极性和主观能动性,为人的全面发展奠定基础。这一基本属性决定了以学生工作为核心的教育活动是高校思想政治教育的重点工作。广大教育者只有先行树立"立德树人"的理念,才能以己及人地去影响和感染被教育者树立相同的价值理念。以学生为中心,要求把学生放在第一位,在尊重学生价值

的基础上帮助学生分析和挖掘自身的潜力，从而培养学生的主观能动性和创新性，实现人才的全面发展。

高校在开展创新创业教育时，采用实践育人和课程育人相结合的方式，能够保证学生透彻认识事物的本质，准确把握发展规律，形成正确的价值取向，树立远大人生理想。从书本上和教育者身上获取间接的知识固然重要，但更为重要的是能够将这些书面知识进行转换，转换成能够运用在社会生活中的生活技能，并融入社会实践，从而拓宽创新创业实践的途径，实现课堂教学同实践教学的紧密相连。

"立德树人"为创新创业教育在素质层面的人才培养提供了道德保证，创新创业教育是"立德树人"实现其相关价值的有效载体和平台，这二者紧密相连、共生互进且缺一不可。

第五节 以"立德树人"为引领的创新创业教育

一、创新创业教育生态系统与人才培养

国家创新驱动发展战略中的一个环节为创新型人才培养,要求高校的创新创业教育在该培养过程中发挥主体作用。近几年教育部发布的与创新创业教育相关的政策文件,对人才培养质量、教育质量不断提出新的要求,要求高校必须面向全体学生开设与创新创业相关的必修课程,同时还对创新创业教育体系所涉及的教学方案、目标原则、内容形式、方法组织做出明确规定。如果把高校创新创业教育看作一项系统工程,那么由于该系统涉及理论知识传授、意志能力培养,同时还涉及各主体之间资源的相互转换和流动,因此该系统是一个复杂的、综合的,集成了不同人才培养模式的系统,并且这个系统里的各个子系统之间不是分散的,而是存在逻辑联系和不可分割的,并且

它们还互相影响、共同促进。

可以看出，高校创新创业教育应摒弃原有以知识体系为中心的教育模式，重建一种符合时代发展的，以能力为中心的人才培养机制。而需要重建的方面包括理念、体系架构、组织制度等，据此可以整理出构建创新创业教育生态体系的步骤——树立价值观（以创新创业教育为载体）—培养创新创业精神（以具体实施方案为引导）—实施创新创业人才培养方案，以达到提高大学生业务素质和能力水平的目的。

学者们早已针对创业者的品质是天生的还是后天教育培养而来的，个人先天品质和后天教育在主体成为创业者时所起的作用是什么等问题展开了探索，并发现创新创业教育所提供的教育项目在一定程度上会影响受教育者的企业家精神和特质。当然也不排除部分企业家先天就有一些特殊品质，但更多的人认为，也即教育界更为接受的观点是这些适合创新创业的品质可以通过后天的教育培养而得来。但在这个过程中，教育者在一定程度上会影响学生对职业的抉择，比如说如果教育者在开展创新创业教育时强调创新创业的价值、意义和效益，会使得学生以乐观的心态看待创新创业，从而将创业纳入自己的职业选择范围。

因此，成功的创新创业教育应该因材施教，通过分析学生诉求来精准地找到与之相对应的教育教学模式。对创新创业教育模式的优化会对学生创业的想法产生积极的影响，从而提高其创业的可能性。在开展教学时，如果能较早地使用合适的教学方法对性格比较稳定的大学群体进行创业精神鼓励的话，可能会提高他们的创业水平，甚至可能在一定程度上改变他们的性格。

在探讨创新创业素质、创业创业教育、创新创业能力这三者的关系时，有学者认为创新创业教育作为中间变量会影响创新创业素质和创新创业能力，从而影响创新创业的行为和创业者的创业倾向。事实上，在现实生活中，这三者的关系还受很多变量的影响，单一的因素并不能决定创业的趋势或倾向。比如说，即使一种比较关键的激励因素——政策奖励，也不能较准确地决定或预测主体的行为。而我们提到的变量（包含教育水平、文化背景和价值等）会或多或少地影响创业者的认知水平。再对创业、个体以及教育三者之关系进行深入研究可以发现，其间存在着相互作用和影响的关系。

研究创新创业教育培训、人力资本、创新创业结果这三者的关系可以发现，创新创业的结果分别受创新创业教育培训与人力资本的影响；接受创新创业教育培训的人比没接受的人更有创业的意图和想法，并且前者会更容易接受创新创业教育所展现出的教育形式和教学内容，同时也能较为容易地发现和识别创新创业机会，对新鲜事物产生浓厚的兴趣。

二、创新创业人才培养模式的构建原则

我们知道，一个系统是由若干具有共同联系和交叉重合部分的要素所构成的，因此系统一定是统一的整体，其组件不是散乱无章的。系统能不能发挥其功效，关键在于其内部构成要素是否具有两个属性：高关联性和科学合理性。因此，创新创业教育生态系统的构建应该遵循以下原则。

（一）目标一致原则

从主体角度来分析，高校创新创业教育生态系统的主体包括政府、高校、企业和学生。

政府在该系统里的目标是在当下的社会发展背景下，通过出台相关的激励和扶持政策，鼓励大学生创新创业，以创业带动就业，减缓大学生的就业压力，从而为社会经济发展、国家发展提供支持。

高校在该系统里的目标是以创新创业主阵地的身份，通过优化创新创业教育模式，加快高校高等教育改革步伐，培育大学生的创新创业精神，从而向社会输送综合型、创新型人才，推动社会经济的发展，增强我国的经济实力。

企业在该系统里的目标是通过与政府和高校的合作，形成合作育人的协调机制，优化当前传统的教育模式，吸收创新型人才，为自身的发展提供人力资源，从而增强自身的核心竞争力。从某一方面来说，这也为社会经济的发展贡献了力量，从而推动国家不断向前发展。

学生在该系统中的目标是通过高校提供的创新创业教育、企业提供的社会实践平台以及政府的资金扶持，不断提高自身的能力素养，使自己成为社会需要的优秀人才，拓宽自己的就业渠道。

根据以上分析，我们可以看出，高校创新创业教育生态系统的各要素之间具有目标一致性，其目标都是为在某一层面上获取利益从而满足社会的需求。

（二）核心能力互补原则

所谓的核心能力互补原则是指在高校创新创业教育生态系统中，每个构成要素都具有自身的核心能力，在创新创业教育生态系统中发挥各自的核心能力优势，并取长补短、互利共生，以实现共建共赢。在一个系统内，各要素的核心能力能够互补，有利于系统的完善和价值的实现，从而产生系统协同效应的价值最大化。在这个过程中，高校应为系统提供有效发挥各主体要素功能的平台和环境，并充分发挥自身囊括知识、集聚人才的优势，依托自身的社会地位去协调好和其他阵地的关系，比如政府机构、企业等。

高校需要来自政府的政策扶持以及企业的资金投资，以便整合来自外界的资源，扩大创新创业教育平台，发挥主体要素的核心能力，去匹配社会所需，从而向社会输送由专业系统培育的人才，以推进社会的发展，实现经济的增收，达到创新创业教育的目的。

（三）知识关联性原则

当基于知识管理理论来分析高校创新创业教育生态系统时，可以发现该系统还可以被看作由具有不同显隐性知识架构的子系统所构成的系统，这些具有不同显隐性知识架构的子系统通过创新创业教育生态系统这个平台的特定作用机制而产生价值。每个子系统中的显隐性知识都包括理论知识、管理知识、技术知识，这些知识只有相互关联、共同作用，才能实现价值最大化。

三、以"立德树人"为引领的创新创业人才教育模式

（一）课堂教学

"立德树人"理念贯穿创新创业教育的课堂教学。"立德树人"理念在教学中体现为以"立德树人"为引领，实现思想政治课程向课程思想政治的转化。创新创业教育也应以"立德树人"作为引领，设置与创新创业素质教育相关的通识课程。该类课程的设置对师资队伍的建设提出了新要求，高校需要根据创新创业素质通识课程的内容和需求来培养专业的师资队伍，在培养过程中应强调教师队伍的道德修养和师风师德，以保障师资队伍的专业素养水平。

（二）教学方式

将"立德树人"理念贯穿创新创业教育的教学方式，就是要以"树人"为核心引导传统的教学模式向以教师为主导、以学生为主体的双向互动式教学模式转换，目的是提高学生的积极性，使学生能在课堂教学中发挥主观能动性，提高课堂教学的效果和质量，使学生在轻松的环境里加深对创新创业素质教育的

认识。

（三）教学内容

将"立德树人"理念贯穿创新创业素质教育的教学内容，就是要求学校在开设课程时结合我国的历史传统文化、古今中外的典型创业事迹制定相关教学案例，讲解真实发生过的创业故事，通过这些故事内容让学生产生共鸣从而达到共情。这种教学方式一方面容易让学生接受，另一方面也是在有意识地向学生传递价值观念。

（四）课外教学

将"立德树人"理念深入创新创业教育的课外教学。课外教学是课堂教学的辅助或者说是延伸。创新创业教育的本质就是将理论同实践相结合以达到培育人的目的，这就决定了创新创业教育一定会存在课外教学。课外教学应以生动具体的形式开展，使"立德树人"的理念能够更好地深入教学中，让学生有较高的认同感。

（五）教学实践

落实"立德树人"，践行社会主义核心价值观，仅靠课堂教学和课外教学是不够的，还需要通过实践的方式将其外化于行、内化于心。高校可以组织学生参加专业实习实训，让学生到真正的企业中去学习技能的同时，提高自身文化素养。另外，高校还可以进行模拟创业实践，让学生依据公司实际的组织架构和运作模式来模拟经营公司，其目的是让学生通过亲身经历的方式了解公司的工作流程和战略制定，并学以致用。同时，学校可为学生提供项目孵化平台和建设众创空间，当学生有创业想法且手上有可以落地的项目时，学校可以给其提供平台帮助其将科研成果项目落地转化，走上真正的创业之路。

第一章

创新创业教育生态系统的基本概念

随着知识经济时代对创新创业型人才的渴求，创新创业教育生态系统成了学者们研究的热点。创新创业教育生态系统受多部门、多资源、多因子的共同影响，具有开放性和循环性的特征。创新与创业之间相互关联、相互影响，具有联动性。独木难成林，仅依靠高校教育来推动创新创业教育的发展，具有片面性和不可持续性，创新与创业的联动性迫切需要构建一个功能完善、结构完整的创新创业教育生态系统。

第一节　创新教育

现代创新概念起源于熊彼特的研究，他认为创新是"建立一种新的生产函数"。"创新"既有革新、创新之意，也指新观念、新方法、新发明。它的立足点在于"新"，是一种通过改造现实来满足时代需求的创造，具有时代的特征。

实施创新教育就是要从培养创新精神入手，以提高创新能力为核心，带动学生整体素质的自主构建和协调发展。而创新精神和能力不是天生的，它虽然受遗传因素的影响，但主要在于后天的培养和教育。创新教育的过程，不是受教育者消极被动地被塑造的过程，而是充分发挥其主体性、主动性，不断认识、追求探索和完善自身的过程，亦即培养受教育者独立学习、大胆探索、勇于创新能力的过程。因此，在教学过程中要致力于培养学生的创新意识、创新能力及实践能力。

第二节　创业教育

创业教育于我国而言，古已有之，其中能体现我国古代特色创业教育的便是《史记·货殖列传》中记载的"卓氏求迁成世富"。1988年，胡晓风等系统地阐释了我国的创业教育，将创业教育总结为："创业教育是人生历程之中进行创造和职业相结合的教育。"1989年11月，联合国教科文组织在北京召开了"面向21世纪教育国际研讨会"，提出了"创业教育"这一概念。从广义上讲，创业教育指的是培养具有开创性的个人；从狭义上讲，创业教育指的是在培养创业过程中所需要的创业的意识、精神、能力并开展与之相对应的实践活动。

1990—1995 年，北京市、江苏省、河北省、四川省等地的基础教育、继续教育和职业教育领域相继进行了创业教育的实验和研究。2002 年，教育部对包括清华大学、中国人民大学、武汉大学、西安交通大学等在内的 9 所高校进行创业教育的试点工作。这 9 所高校在不同层面对创业教育的理念、模式建构、创业活动实践机制及相关课程设计进行了积极的探索，在许多方面都取得了丰富的探索成果，为我国高校创业教育的发展奠定了基础。2008 年，32 个创新与创业教育类人才培养模式创新试验区的建立，标志着我国在创业教育方面取得了进一步的实践成果。

1947 年，创业教育课程在美国哈佛大学商学院首次开设，在当时虽然未引起较大的反响，但多数的创业学研究者仍以此作为西方创业教育的起点。20 世纪 60 年代末，百森商学院和斯坦福大学设立创业教育学位并开设相关课程，创业教育得到快速的发展。20 世纪八九十年代，创业教育在快速发展的同时，其内涵也得到了不断的丰富。为了加快实施政策驱动发展战略，欧洲相继出台了关于创业教育的一系列政策，以积极推进创业教育的发展。瑞典、德国等国在创业方面强调满足个体需要，即创业者的需要，因此在实践活动中不断强化创业教育理念。由于创业教育对社会经济的发展具有较大的影响，在欧美教育体系中，创业教育被提高到与职业教育、学术教育相同的高度。时至今日，随着创业教育从课程教学、专业教学到学位教学的不断变化，创业教育已成为欧美教育的重要组成部分。

第三节　创新创业教育

一、创新创业教育的定义

创新创业教育作为一种新的教育理念，并不是创新教育与创业教育的简单叠加，而是在理念和内容上实现了对创新教育或创业教育的超越。创新创业教育的核心是培养大学生创新精神、创业意识和创业能力，引导高校更新教育观念，改革人才培养模式、教育内容和教学方法，将人才培养、科学研究、社会服务紧密结合，实现从注重知识传授向更加重视能力和素质培养的转变，提高人才培养质量。在创新创业教育中，创新与创业相互作用、相互影响、贯穿始终，共同构成了创新创业教育的核心。

创新创业教育推动高等教育由知识型向智慧型转变，在解决人们生存问题的同时，也提高了人们的生活价值，是受教育者素质培养过程中最为关键的一环。进入知识经济时代后，创新创业教育作为新的教育理念和教育实践，在对国家创新发展战略做出回应的同时，也推动着社会的进步。

二、创新创业教育的由来

曹胜利和雷家骕在《中国大学创新创业教育发展报告》中从广义和狭义两个方面对创新创业教育的内涵进行了界定：从广义上讲，它是关于创造一种新的伟大事业的教育实践活动；从狭义上讲，它是关于创造一种新的职业工作岗位的教学实践活动，是真正使当代大学生走上自谋职业、灵活就业、自主创业之路的教育改革的实践活动。

创新创业教育的提法于 2010 年教育部文件《关于大力推进高等学校创新创业教育和大学生自主创业

工作的意见》中被正式采用，文件明确地将创新创业教育定义为：适应经济社会和国家发展战略需要而产生的一种教学理念与模式。这是第一个推进创新创业教育的全局性、纲领性文件，明确了创新创业教育面向全体学生、结合专业教育、融入人才培养全过程的教育价值定位。至此，不同时期基于不同目标而提出的创造教育、创新教育与创业教育在"提高自主创新能力，建设创新型国家"和"促进以创业带动就业"的发展战略的旗帜下实现了高度统一，既彰显了国家战略，又表达了社会需求；既突出了本质规定，又明确了价值取向，成为新时期科学引领高等教育改革与发展方向的全新教育理念和模式。2015年5月，国务院颁布《关于深化高等学校创新创业教育改革的实施意见》，继续沿用了创新创业教育的名称，并站在国家实施创新驱动发展战略、促进经济提质增效升级、推进高等教育综合改革、促进高校毕业生更高质量创业就业的高度，明确了深化高等学校创新创业教育改革的指导思想、基本原则、总体目标，提出了9项改革任务、30余条具体举措，把在高校普及创新创业教育确立为国家长期政策导向。

三、创新教育、创业教育与创新创业教育的关系

创新教育、创业教育和创新创业教育的关系，颇有些类似黑格尔关于哲学所作的花蕾、花朵和果实的比喻："花朵开放的时候花蕾消逝，人们会说花蕾是被花朵否定了；同样地，当结果的时候花朵又被解释为植物的一种虚假的存在形式，而果实是作为植物的真实形式从而代替花朵的。"由此观之，虽然我们不能将创新教育看作对创业教育的简单否定，也不能将创业教育看作对创新教育的简单否定，更不能将创新创业教育看作对前两种教育的简单否定，但是它们之间确实存在着辩证否定的关系。

从广义上来看，创新与创业是"双生关系"，两者天然地联系在一起。王占仁认为，创新创业教育在形式上的表现是在"创新"的后面加上了"创业"两字，其实质是内在规定了创新的应用属性，是指向创业的创新，重在应用的创新，促进创新成果的市场化、商业化；在"创业"的前面加上了"创新"两字，其实质是创新全面统领了创业的方向，是以创新为基础的创业，是机会型创业、高增长的创业，提高

了创业的层次和水平。创新创业教育既内在包含了创新教育、创业教育的科学内涵，又不与二者简单等同，是一个综合的教育系统。在这个系统中，"创新教育"与"创业教育"在国家实施创新驱动发展战略中促进经济提质增效升级；推进高等教育综合改革，促进高校毕业生更高质量创业就业；创新引领创业、创业带动就业，主动适应经济发展新常态；在加快培养规模宏大、富有创新精神、勇于投身实践的大众创业、万众创新生力军的战略旗帜下，实现了高度统一，既彰显了国家战略又表达了社会需求，又突出了本质规定又明确了价值取向，成为新时期科学引领高等教育改革与发展方向的全新教育理念和模式。"创新创业教育"的基本价值取向既包括创新创业精神、创新创业思维的培养，也包括创新创业行为方式、创新创业人生哲学的塑造，还包括创新创业型生活方式、创新创业型生涯选择。

虽然我们今天可以将不同时代产生的创业教育、创造教育、创新教育放在同一时空范围内来考量，提出创新创业教育的新概念，但是我们仍然需要清晰地知道它们在求同存异时被隐去的时代痕迹，只有如此，才能在时间和空间两个坐标维度中明确三者的位置，所有这一切，都有助于加深我们对创新创业教育的科学理解。

第四节 创新创业教育生态系统

生态系统的概念于1935年由英国学者坦斯利提出，后被学者沃勒等引入教育领域，经过多年的发展，生态学理论被广泛运用于教育领域。高校创新创业教育生态系统，就是基于生态系统学视角的教育理念生态化运用与构建，把创新创业教育比作"生物体"，融入教育环境、市场环境、社会环境的"大生态系统"中，从某种意义上说，就是一种基于生态系统而构建的"生态圈"，是一个交互联通、和谐运作的体系。高校创新创业教育生态系统构建的宗旨在于推进高校创新创业教育改革发展，培育创新人才。

生态系统具有明显的结构性与功能性特征，包括核心圈层、外围圈层。其中，核心圈层是创新创业教育生态系统内核层，其构成要素是直接参加创新创业教育活动的核心主体，包括承担创新创业教育的专业教师、参加创新创业教育实践的学生、辅助创新创业教育的其他管理人员等。外围圈层则是创新创业教育的社会环境，其构成要素包括政府、企业、市场等，也是创新创业教育价值应用的圈层。可见，高校是创新创业教育生态系统构建的实践主体，在生态系统中具有决定性作用。高校要发挥生态系统的良性作用，必须联通各要素的特性，整合各要素的优势，促进生态系统集合化优势的发挥。

一、我国创新创业教育生态系统的独特性

与国外创新创业教育生态系统相比，我国高校的创业教育生态系统具有一定的独特性，主要体现在三个方面。

（一）独特的路径

国外创新创业教育的产生与发展主要源于内部需要，主导力量来自学校、学科以及社会的自发需求，一般称为"早发内生型"，是指创业教育发展较早，主导力量主要来自高校内部"自生长"的需求，是由"无形的手"自下向上推动发展的。而我国正面临着如"新旧动能转换"等外部的现代化挑战，在创新创业教育的发展路径上必然走向由政府推动的"后发外

生型",其主导力量来自国家的积极认同和强势推动。

在过去十余年中,我国的创新创业教育走的是一条"政府驱动"的道路,"政府驱动"使得高校创新创业教育学科发展在资源汇聚、平台搭建和成果产出方面都有政策和资金保障,使创新创业教育研究可以在短时间内丰富起来。如在具体实践上实现了从"第二课堂"走向与第一课堂的融合,在保障体系上实现了从"理念引导"走向"全方位资源扶持"。政府在我国高校创新创业教育生态系统中扮演着极为重要的角色。

(二)独特的文化

源远流长的五千年历史,塑造了中华民族独特的文化特征,比如自力更生、艰苦奋斗,以及"解放思想、改革创新"的时代精神等,这给我国高校创新创业教育生态系统的建设打上深深的文化烙印。当前,我国已经进入创新创业时代,博大精深的中国传统文化、革命文化和社会主义先进文化等在创新创业时代一定会发挥独特的魅力。

(三)独特的境遇

国外的创新创业教育往往是从小学到大学一体化的教育,即在K12阶段完成创新创业教育的启蒙、创新创业精神的培育，在高等教育阶段，大学生能够主动结合专业进行创新创业学习，甚至自觉开展创新创业实践。而我国的创新创业教育基础十分薄弱，创业意识激发不够、创业精神培育不足、创业知识普及不充分，这些都需要在高等教育阶段进行弥补。可以说，我国高校的创新创业教育处于"下挤上压""任重而时短"的阶段。

二、我国创新创业教育生态系统的特征

我国的创新创业教育生态系统多以高校为主导，其他子系统（政府、企业和社会）协同参与，在创新创业教育实施过程中，高校、政府、企业和社会是一个关联密切的有机整体，进行着稳定的能量交换。这种高校主导型创新创业教育生态系统具备以下三个特征。

（一）整体性特征

在创新创业教育实施过程中，高校、政府、企业和社会各子系统通过人才、信息、资金等"能量"的循环流动，形成关于创新创业教育这一主体和周围环境关联密切的有机整体。高校主导型创业教育生态系统是大学生创业教育这一主体与高校的内部组成要

素、外部环境（政府、企业、社会）构成的统一、复杂的网状结构，体现了系统的整体性。

（二）层级性特征

组成要素的多样性和相互之间关系的复杂性，决定了创新创业教育生态系统是一个极为复杂的多要素、多变量的层级系统。国家政策、行业企业和社会力量等外部要素宏观影响着高校创业教育的发展；创业文化、创业管理机构和创业中心等中观要素统筹着高校创业教育的发展；创业课程、创业师资、创业实践平台、创业资金、硬件设施等基本要素制约着高校创业教育的发展。

（三）开放性特征

高校主导型创业教育生态系统是一个开放的循环系统，任何一个"能量"的输入都会引发系统的输出效应。高校人才、技术等的"能量"输入会推动企业转型，企业的资金和师资等"能量"输入会提高高校创新创业教育效果，进而使培养的人才、发明的技术回馈企业；社会资金、信息等的"能量"输入会推动高校创业教育的人才输出，创业人才的输出又会吸引社会上更多的创新创业教育资源流入高校，形成良性循环；各级政府的创新创业教育政策、资金等"能量"也会驱动高校、企业以及社会上的创新创业组织蓬勃发展、相互拉动,最终使整个系统呈现生机勃勃的健康状态。

三、创新创业教育生态系统的多样性

要了解创新创业教育生态系统的多样性,我们先来看看生态系统的多样性。生态系统的多样性根源于生物的多样性。生物多样性是在一定时间和一定地区内所有生物及其遗传变异和生态系统的复杂性的总称,是指生命有机体及其赖以生存的生态综合体的多样性和变异性。生物多样性包括生命形式的多样化,各种生命形式之间及其与环境之间的多种相互作用,以及各种生物群落、生态系统及其环境与生态过程的复杂性。生态系统的多样性表现为生态环境的复杂性和生物群落的多样性两个方面。

所谓生态环境的复杂性是指地形、地貌、气候、土壤和水文等自然地理要素及其形态的多样化,生物群落的多样性是指在一定的生态环境下生存着各种各样的生物群落。总体上看,生态系统是一个以生物为主体,呈网络状的多维空间结构的复杂系统,由极其复杂的多要素、多变量构成,而且不同变量有不同的组合，这种不同的组合在一定动态之中，又构成了很多子系统。

创新创业教育生态系统的多样性主要体现在两方面。一方面，创新创业教育生态系统是由多种类型的参与主体构成的，如高校、科研机构、政府、创新企业等，这些主体在其中发挥着不同的作用，通过主体间的合作以及资源、能力的互补来驱动创新创业教育生态系统的发展。另一方面，即使是同一类型的主体，如创新企业，在系统中的角色也有很大区别。企业的类型、资源优势不同，其在创新创业教育生态系统中所占据的市场空间和地位也就不同。通常来说，一个创新创业教育生态系统的多样性突出，表示其拥有的主体种类越丰富。另外，不同的企业属于不同的产业或在产业链上的位置不同，发挥的功能也不同，因此，系统内的企业类型越多，越有利于维持创新创业教育生态系统的健康发展。

第二章

Chapter 2

创新创业教育的相关理论

第一节　人力资本理论

一、人力资本的概念

现代意义上的人力资本概念是在对西方经济学中"物质资本"这一占主导地位的概念的批判与继承中创立并发展而来的。

通常，在对人力资本的概念进行界定时，会从三个不同角度来考虑。

（一）从内容的角度来考虑

舒尔茨指出，人的知识、能力、健康等人力资本的提高对经济增长的贡献远比物质、劳动力数量的增加重要得多。以此为依据，有的学者从劳动者个体角度出发，将人力资本定义为劳动者自身和拥有的知识、健康状况和技能、能力总和。还有学者认为，从社会角度出发，由于国民良好的道德素质、美好的信誉和和谐的社会关系可以有效节约个人与社会的交易费用，因此，上述内容也应该包含在人力资本范围之内。

(二)从形成的角度来考虑

贝克尔提出,人力资本是通过人力投资形成的,这些人力投资主要用于增加个人资源、提高个人未来的消费与购买能力等方面,因此,人力资源不仅包括个人的知识、技能、能力,还包括身体素质和健康状况等。以此为参照,有学者指出,人力资本是指人们在教育、职业培训、健康、移民等方面的投资所组合的资本。

(三)从人力与资本相结合的角度来考虑

《新帕尔格雷夫经济学大辞典》指出,作为现在和未来产出与收入流的源泉,资本是一个具有价值的存量。人力资本是体现在人身上的技能和生产知识的存量。因此,有学者提出,人力资本是指依附于劳动者、在劳动者身上体现出来的诸如知识、技能和能力等要素的具有增值性的价值存量。

关注角度不同,得出的人力资源的概念也就不同。现在普遍使用的人力资本的概念为:人力资本是存在于人体之中的具有经济价值的知识、技能和体力等质量因素之和。

二、人力资本的基本特点

（一）人力资本具有依附性

人力资本的载体是人，是通过人力投资形式形成的凝固在劳动者身上的价值，与其所有者不可分离，一切体能、知识、智能、技能、情感、价值观念、思想道德都依附于活生生的人而存在。同时，人力资本的价值量和新增价值的创造，只有在劳动和劳务过程中才能得到体现。

（二）人力资本具有能动性

人力资本是经济发展过程中最具能动性的因素。一方面，物质资本、货币资本价值量的实现和创造必须通过人力资本的操作；另一方面，人力资本可以创造出超出自身价值量的经济效益。

（三）人力资本具有时效性

人力资本与物质资本不同，它具有一维性。若不适时开发和利用，随着岁月的流逝，人力资本价值将逐渐降低直至消失殆尽。通过教育、培训等方式进行投资而形成一定的人力资本存量，将其投入社会再生产，就可以产生收益，发挥效用；未及时开发或再造的人力资源，不仅难以成为社会发展的有生力量，而且还会成为拖累经济发展和社会进步的累赘或"包袱"。

（四）人力资本具有变动性

随着科技发展和社会进步，人力资本的存量、增量及其构成要素的价值都将处于不断变动之中。从主观上看，劳动者刻苦学习、勇于实践，在潜心钻研中有所发现和创新，其存量和增量就会不断扩大，价值就会不断增值。从客观上看，外部要素投入是动态变化的，投入量多，人力资本的存量就增多；投入量少，人力资本存量就减少。因此，人力资本随着内外部因素的变化而变化。

三、人力资本与社会发展

舒尔茨在1929—1957年对美国社会发展的影响因素进行了实证分析，研究结果表明，经济增长有23%归功于教育的发展，即人力资本投入的积累。人力资本投入的数量和质量所达到的人文生态的综合水平，反映了社会安全和发展指标的增长水平。可以说，社会发展水平的高低也体现在人力资本存量的增长方面。

人力资本投资的多少决定着社会发展水平的高

低。人力投资包括由医疗保健、正规教育、在职培训、技术推广和就业迁移这五个方面,这五个方面可进一步浓缩为医疗保健、教育和人口迁移三个方面。从社会发展的角度来看,这三个方面也是社会发展的重要指标。

(一)医疗保健方面的投资

在医疗保健方面进行投资,首先,可以提高生产者的健康水平,提高其业务能力;其次,劳动者身心的快速恢复有利于其技能的稳定发展,提高劳动效率;第三,可以降低劳动者的患病率和缩短患疾病时间,节省卫生资源和成本,这些都可以转化为资本积累。

简而言之,在医疗保健方面进行投资是一种具有投入产出机制的生产性投资,不仅能直接促进经济增长,还能将消费资金转化为积累和储蓄,加快经济建设,促进社会发展。

(二)教育方面的投资

对教育方面的投资实质上就是加大对人才培养的支持力度。教育教学的质量上去了,人们获得知识和技能的渠道也会随之增加,因而人们会拥有更多的知识技能储备。在这个背景下,个体为增加自己的知识储备，可以通过"消费"来获取受教育的机会，从而提高自身的资本，并在经济增长的基础上为社会发展做出贡献。

（三）人口迁移方面的投资

在人口迁移方面进行投资，有利于地区和行业之间的劳动力流动。劳动者通过支出一定成本，获得新知识和新技能，既可以适应产业调整的需求，又增加了自身的就业机会。这样，劳动者在满足国民偏好，实现更高的预期收入的同时，也改善了生活质量，有利于社会的均衡发展。

第二节 生态系统理论

一、生态系统理论简介

生态系统理论由美国著名人类学家和生态心理学家布朗芬布伦纳于1979年提出。生态系统理论强调了环境的影响力，认为自然环境可能对个体行为和心理发展产生巨大影响。布朗芬布伦纳认为生态系统中的个体之间是相互联系和相互影响的，同时也是相互作用的，不同个体共同构成了稳定的生态系统，保证该系统的营养均衡和良性互动，而个体也在这种环境中不断地进步和发展。个体成长的生态系统由微系统、中介系统、外层系统和宏观系统四个层级构成，这四个层级依托与个体的交互频率和与个体的亲密度依次向外扩展。该系统嵌套在同心圆中，就像俄罗斯套娃一样，前者由后者包裹。

2004年，扎斯特罗教授和阿什曼教授共同出版了《人类行为与社会环境》一书。这本书进一步分析和阐述了人类行为与社会环境的多层次系统之间的相互作用。他们认为个人的生存环境是一个完整而复杂的生态系统，可以分为三种基本类型：微观系统、中观系统和宏观系统。微观系统是指处在生存环境中的看似独立的个人；中观系统作为微观系统与宏观系统之间的桥梁，影响着微观系统中各主体之间的相互作用，同时也为宏观系统提供物质基础；宏观系统作为一个涵盖微观系统和中观系统的大规模系统，可以说是微观系统的延伸，间接地影响着微观系统中个体的行为与发展。宏观系统可以看作由经济、社会、教育、法律和政治系统构成的一个环境系统，这些系统在该环境系统下相互作用、相互影响、共生促进。生态系统理论强调的就是多重环境试图通过调整人与环境之间的相互作用，来影响人类的行为和发展，以使人类更好地与其所在的各种层级的环境协调互动。

二、生态系统理论与创新创业教育

利用生态系统理论分析创新创业教育，可以看出，在整个创新创业教育体系中，教学课程是微观系统，是与学生教育直接关联的部分；教师是中观系统，他们为学生提供教育教学，传递知识，把学生同课程关联起来，同时影响着教学课程的进度；政策与文化是宏观系统，它们与教学课程没有直接的关联，但会间接影响教学课程的制定和发展，例如政策会影响着创新创业教育的课程构成，文化也会从宏观上指导创新创业课程的发展方向。同时，为了使创新创业教育更加活跃，我们还必须关注资金对其的影响。

（一）微观系统——教学

课程是整个创新创业教育生态系统与学生之间最直接的联系。创新创业教育的目的是通过为学生开设多种形式的课程来实现的，这些课程包括商业计划书撰写培训、融资能力培训、个人能力培训等，目的是将这些课程直接作用于学生,让学生获得理论知识和实践经验,实现理论知识同实践能力的结合,把创新创业教育的作用充分发挥出来。具体的实施方案是在人才培养方案中加入与创新创业教育相关的内容,完善创新创业教育教学课程体系,重塑学生的知识架构,增强学生的文化素质和实践能力。

学校希望培养出具有牢固扎实的专业知识基础、较强社会意识责任感、一定实践能力和创新创业能力的创新创业型专业人才,同时将"以学生为本、以师德为先、以能力为重、以终身学习为典范"的理念贯穿教育教学全过程,提高学生的创新创业能力和创业热情,以实现创新性教育。具体的做法是要求学院根据自己的特色,结合现在的教育发展趋势修订人才培养方案,使专业人才培养方案能打破传统,满足社会需求。

因此,学校在制定总学分时应考虑增设素质教育方面的学分,鼓励学生走进实验室,积极从事科研研究,鼓励学生积极参加竞赛和发明制作等活动,强化对学生创新创业能力中实践能力的培养,从而提高学生的实践能力和团队合作意识。另外,学校可以增加创新创业教育必修和选修课程,并协调好选修课程和必修课程所占学分比例，同时，在人员培训计划的总学分中提高创新实践、实验学分的比例。

(二) 中观系统——教师

作为中观系统，教师以讲课的形式将课程内容传递给学生。创新创业教育教师应参加过创新创业实践活动，并且有丰富的知识储备，这样才能够结合自身案例将书本理论知识更加生动地传递给学生，从而提高学生的创新创业敏感度，将创业思维根植于学生的思维中。为了更好地让学生理解所获取的理论知识，创新创业教育教师还应该带领学生参与真实的市场，因地制宜、因材施教，提高学生的创新创业能力。

高校可以成立专门的组织机构作为创新创业教育的"引领人"，这样一方面有利于处理日常事务，另一方面也会促进创新创业教育的开展。

同时，一方面，高校可以依靠大学生的创新创业社团，建立"创新实验班"，让学生有更多的实践机会。另一方面，高校可以聘请优秀教师，成立"创新实践班"，开展创新型创业实践课程，进一步提高学生的科研水平和创新水平。实验班、实践班招收对象最好为大学三年级的学生，因为这个时期的学生有足够的理论知识储备，同时也有一定的创新思维，教师可以根据他们的能力制订相应的创新创业培训计划，指导学生参加校级、省级和国家级的创新创业实验项目。

（三）宏观系统——政策、文化、资金

1. 政策

在这个创新驱动发展的全民创业信息时代，大学发展最重要的因素之一——政策，引起了很多研究者的关注。政策可以引导和激励高校开展创新创业教育，明确培养什么样的创新型和创业型人才，保障创新创业教育的顺利发展。很多发达国家强调并且高度重视对创新创业的政策引导，通过不断调整跟踪创新趋势，来保持国家创新创业活力。无论是美国、日本还是瑞典都发布了一系列鼓励创新和创业的政策文本，并设立专门机构，专注于大学的创新和创业，促进科研成果的产业化。

在宏观层面上，政策是国家各级教育机构和组织系统有机构成的各种规范、规则的总和。在微观层面上，政策是大学开展教育活动的规则和规范。教育体系的建设和创新是推动创新和创业教育的关键环节。以制度形式规范人才培养过程，保证合作教育机制的建设和运行，对培养学生的创新意识、创业思维和实践技能具有重要意义。

2. 文化

作为一种"软实力",文化对创新创业教育的作用不言而喻。学校应该从自身需求和发展出发,通过开展各种特色活动的方式来营造创新文化氛围,为培育学生的创新意识奠定基础。

(1)以办学为导向,确立创新创业教育发展方向。

首先要做的就是明晰创新创业教育的目的,即为社会输送具有创新精神、创造思维、创新意识和创新能力的优秀人才。现阶段大多数高校在开展创新创业教育时,存在基础环境差、资源获取途径少、各主体间矛盾多的现象,想要改变这种现状,就需要拓展发展空间、寻找产业合作伙伴,找准自己的创新创业教育发展方向和独特的定位,逐步形成特定的创新创业文化氛围,有效促进创新创业教育的发展。

(2)以学校为依托,为创新创业教育的发展提供环境。

环境涉及两个层面。第一个是精神环境层面。创新创业意识和思维的培养需要一定的精神环境,而学校的和谐氛围是最有利于这样的环境生成的。第二个是物质环境层面。学校作为创新创业教育的提供者，应该为创新创业教育提供平台，比如创新创业实验中心、创新创业训练基地、创新创业实习基地等。为顺应时代的发展和积极响应政策要求，在完善校园基础设施的同时，高校应将和谐发展的理念贯穿学校建设全过程，倡导绿色校园、创新校园的建设。

3. 资金

资金是创新创业教育生态系统中的衍生元素，创新创业教育的各个环节都需要资金的支持。为了降低创新创业教育的难度，应加大对创新创业教育的资金支持。政府和社会可合力为大学生创新创业提供资金支持，扩大学生创新创业的资金来源，保证创新创业活动的顺利进行。资金支持是促进高校创新创业教育，帮助学生创业的必要保障。虽然我国在研发方面的投入每年都在增加，但融资和资金配置仍存在一些不足，资金供应链的脱节会阻碍创新创业活动的开展。

第三节 三螺旋理论

一、理论基础

三螺旋理论是美国社会学家亨利·埃茨科威兹和罗伊特·雷德斯多夫在总结美国128公路和硅谷形成的经验基础上提出的。三螺旋理论认为，在知识经济社会内部，政府、企业与大学是相互独立、相互联系又相互作用的三个核心社会机构，它们根据市场要求联结在一起，形成三种力量交叉影响的三螺旋关系。

三螺旋理论不同于传统的官、产、学、研合作，其终极目标在于寻求大学、企业、政府的思想通识，以及宏观层面上的战略合作，形成创新、育人的长效动力机制。三螺旋理论揭示了大学、企业、政府三种组织的日益紧密和交叉的联系，是协同育人的理论基石。其动力运行路径包括横向资源整合和纵向分化演进。

在横向上，资源整合意味着创新要素在大学、企业、政府之间循环，人员、信息、产品循环是三螺旋运行的主要动力源泉。资源循环包括内部资源循环与整合、外部资源循环与整合，又叫"微观循环""宏观循环"或"内循环""外循环"。前者通过循环产生产品，后者通过循环产生合作政策、合作项目、合作机构或组织。在大学的内循环系统中，输入的是学生、信息流、资源流，通过培养教育，产生的是人才、科研成果；在企业的内循环系统中，输入的是新技术、新材料、高水平工人，经过企业加工，产生的是走向市场的产品和服务；在政府内循环中，输入的是信息、市场情况等，输出的是政策、法律和服务等。三方的联结界面越大，联系得越紧密，协同度就越高，质量和效益就越好。培养创新创业型人才是高校、政府、企业共同的价值追求，也是三方的联结点，为了共同的价值目标，三方不断扩大彼此联结界面，功能也出现了交叉和重叠。

在纵向上，三螺旋系统演进倾向于分化，两种环境相互作用、相互影响会产生一种稳定态，但第三种环境的出现会打破这种稳定态，对系统运行进行反馈，从而在时间维度上推动系统的分化和演进，最终形成一种强稳定态。

在三螺旋系统中，横向上的资源整合与循环同纵向上的分化演进相伴相随，从而使三螺旋育人系统成为一个更加复杂的关系，并在质和量上互变互升，推动协同育人系统呈螺旋上升态势。

二、培养机制的特征

基于三螺旋理论建立的高校、政府和企业三方创新创业型人才联合培养机制具有以下特征。

（一）目标一致性

乔尔·布利克和戴维·厄恩斯特指出，一个组织的协作能力和意愿就是预测其能否成功的最佳标准。政府、高校、企业是三类不同性质的组织，对大学生创新创业能力的培养具有不同维度的影响。培养大学生创新创业能力是政府、高校和企业战略协同的契合点。协同育人组织建立在多方主体共同利益基础之上，以"培养创新创业型人才"为共同目标，将不同育人主体凝聚在一起，进行长期合作，虽然人员流动性较大，但该组织依旧保持动态的稳定与平衡态。

（二）主体互动性

在协同机制下，政府、高校和企业之间的壁垒被消除，政府的政策链、高校的专业链、企业的技术链达成一体化状态,提高了相关资源的利用率,体现了多方融容、合作进步、协同作战的模式。三方之间呈现一种新型的关系:互惠互利、共生共荣的网络组织结构取代了层级节制、界限分明的点状松散结构,接纳与配合代替了等级和排斥,协调与互助代替了指挥与控制,鼓励和促进代替了限制与禁止,积极参与代替被迫接受,认同、信任和包容成为共同行动的基础。大学生创新创业能力的培养成为三方共同的行动理念和价值追求。

(三)时空接续性

从时间接续上讲,大学生创新创业能力的培养是一个量变引起质变的过程,需要长期坚持下去,"一曝十寒""三天打鱼两天晒网"的状态是不能实现最优目标的。从空间接续上讲,大学生创新创业能力的培养不能仅仅局限于校园,要从校园走向社会,大学生要参加体验式、情景式的能力训练。协同机制是一个动态匹配的过程,政府、高校和企业之间的关系在时间上是连续的,在空间上是衔接的,三方组成的协同系统呈现波浪式前进的趋势,最终提升大学生的创新创业能力。

（四）效果放大性

在协同机制中，政府、高校和企业围绕共同目标，调整自己的行动政策和价值追求，各展所长、各尽其力，共同致力于大学生创新创业能力的培养，其效果在相互作用的共振中放大，从而达到非协同情况下无法达到的高度。政府着眼于整个国家综合竞争力和社会和谐稳定，出台有利于培养大学生创新创业能力的政策；高校根据企业对大学生创新创业能力的要求，深化教育教学改革，强化内涵建设，培养适销对路的人才；企业参与高校的教育教学计划的制订，并融入对人才在能力结构和程度上的具体要求以选留符合自己要求的人才，降低了人才招聘和培训的成本。

三、培养机制的影响因素

协同培育创新创业型人才需要各个主体之间进行良性互动和资源整合。其运行过程，受到个体因素、组织因素和过程因素影响。

（一）个体因素

协同培育创新创业型人才的领导者、导师队伍的素质与能力直接影响育人效果。优秀的协同育人领导者需要具备综合的学科知识、丰富的工作经验、管工作阅历及协调学科文化差异的能力。领导者还需要具备令人信服的个人魅力，吸引社会资源积极参与育人活动。优秀的创新创业导师团队同样重要，导师的来源有高校名师或研究机构研究者、成功的创业企业家、投资或金融专家、管理专家等。导师团应具备丰富的创业经验和创新创业理论，具备积极的跨领域合作思维、良好的沟通能力，对创新创业精神感同身受，对自己的成功充满反哺意愿。

（二）组织因素

大学生创新创业能力协同培养的组织机构、组织目标、组织结构、组织文化、组织任务等因素影响育人效果。一般来说，协同育人的组织机构要健全，基于三螺旋理论建立双边或三边混生组织，专门负责大学生创新创业能力培养工作。组织要有明确的目标、清晰的结构、优良的文化及完善的制度。从整体上来看，在成功的三螺旋育人模型中，大学—产业—政府的关系可看作一个相对平等，却也是相互依赖的制度领域。它们相互重叠并承接其他制度的角色，通过制度结构控制创新系统的运行。

（三）过程因素

在协同育人过程中，协同主体间、主体成员间的沟通、交流、共享等因素影响育人机制的正常运转及效果。协同育人工程是一个复杂的系统工程，涉及多元主体、多种资源、多种利益，因此需要在组织领导下进行充分的沟通与交流，在人才培养目标和质量方面形成共识，建立共同的价值目标，实现知识资源的共享、分歧和差异的化解、利益和风险的均衡，使得协同育人组织沿着健康、和谐的轨道前进。

四、培养机制的落实

在三螺旋理论的指导下，要建立新型的创新创业型人才培养机制，可以从以下几个方面着手。

（一）健全三边混生组织领导

三螺旋理论不刻意强调谁是主体，而是强调政府、高校和企业的协同关系，强调这些主体的共同目标是实现科学研究和商业化之间的最优化联结。三者同等重要，只要一方存在"短板"，整个螺旋就不能稳定运转。建立大学生创新创业能力协同培养机制，最根本的是要建立具有重叠、交叉功能的双边或三边混生组织，如建立协同育人中心、大学生创业园、青年创业学院、不同层级的协同育人联盟，设立协同育人中心委员会、协作委员会或院务委员会，由政府、高校、企业相关人员担任中心主任，由具有教育、企业、行政等多重知识背景的人员担任委员，实行主任负责制。委员会统一规划、统一商定有关大学生创新创业能力培养的关键问题、重大问题，提高决策的科学化、民主化、法制化的水平，减少任何一方单独抉择时的随意性和盲目性以及信息传递的时间耗费。协同育人委员会下设信息科、财务科、教务科、人事科等机构。要完善协同育人制度、明确机构工作职责，为协调各方行动、信息、资源提供组织制度保障，这也是三螺旋理论的精髓。

制度协同是一个不断演进的过程。当制度供给不能有效满足制度需求时，制度非协同的情况就会发生。政府作为宏观经济控制主体，要充分发挥设计各种运行机制并监督其执行的职能，动态调整创新创业政策，保护协同方利益，协调协同方行为，不断优化协同育人政策环境。

（二）动员和利用共享资源

大学生创新创业能力培养需要政策资源、设施资源、人力资源、信息资源和资金资源，这些资源掌握在不同的主体手中，高校单凭自身力量难以利用所有资源。政府和企业是影响高校人才培养最为重要的两类组织，高校在人才培养过程中与政府和企业始终存在着千丝万缕的关系，大学生创新创业能力的培养是三方的重要联系点。建立资源协同机制，就是要促进各类资源的深度融合，提高资源优化配置水平，增强协调指导和服务保障的能力，为大学生创新创业能力的培养创造良好的环境。

高校要发挥关键角色的作用，有效组织协同育人系统中的各个节点，激发、整合各种优势资源的流入和投入，发挥各个育人主体的资源优势，释放相关要素的活力，使育人系统持续运行和发展，实现协同方利益的最大化。根据三螺旋理论，只有扩大三方的联结界面，才能提高三方联合的紧密度。因此，高校首先应该根据市场需求对专业设置、课程安排和教学方法进行调整，增强对企业的吸引力；其次要加强人才资源、资金资源的协同，拓展教师招聘渠道、资金筹措渠道，为人才的培养奠定基础；再次要加强信息平台的建设，促进高校协同育人合作方互动管理网络的形成，建设良好的信任环境，保障信息渠道的畅通。

（三）建立激励约束机制

没有激励约束机制的组织是不能持续健康发展的，大学生创新创业能力培养协同组织的正常运转和发展同样需要构建长效动力机制和约束机制。协同育人的动力包括外部动力和内部动力，外部动力源于市场不断变换的挑战和宏观经济环境刺激，内部动力源于大学生创新创业能力培养各合作方对预期利益的追求。高校创新创业型人才培养的利益相关者实际上就是一个利益共同体，只有形成共同体，才会有相近的价值、共同的目标、协调的行动并取得良好的效果。约束机制是动力机制的有效补充，相对于动力机制，约束机制可谓"压力机制"。如果动力机制是正激励的话，约束机制可谓负激励。要建立完善的约束制度或奖惩制度，明确大学生创新创业能力培养协同方的职责，做到奖惩分明。

（四）完善考核评价值制度

考核评价机制是大学生创新创业能力培养协同机制的重要组成部分，不仅能对协同育人各方对组织的贡献和不足进行评估，还可在宏观上对协同育人政策、措施进行调整提供参考，完善组织反馈机能。可以从协同育人环境、投入产出、运行过程、育人效果几个方面构建评价指标体系。协同育人环境考核评价内容包括政府对大学生创新创业扶持政策，对协同育人企业税费优惠、金融支持政策、创新创业法律法规、协同育人联盟数量、创新创业服务平台数量、社会服务机构数量及服务机构服务能力等。协同育人投入包括人力、资金、设备、场地等投入，投入水平高低直接影响育人效果。投入的评价指标包括高校创新创业导师数量及结构，创新创业活动经费及经费中来自政府资金和企业资金的比例，学生创新创业活动场地面积，创业孵化园数量、级别和面积等。协同育人产出评价指标包括学生专利数、创业率、创业成功率、创新竞赛获奖层次及数量等。协同育人运行过程评价指标包括协同主体规章制度执行情况、信息资源共享情况、差异协调情况等。协同育人效果评价指标包括学生创新创业意识、创新创业知识、创新创业能力、创办企业盈利情况等。评价考核可以采取自评、他评与专家评价相结合，短期、中期和长期评价相结合，定性评价和定量评价相结合的方式。

（五）营建和形成组织文化

大学生创新创业能力培养的协同组织是政府、高校、企业在知识经济背景下衍生的双边或三边混生组织，其成员来自不同的学科、部门、行业，难免带有各自领域的文化特征，这种差异既是协同育人的优势，同样也会成为协同育人的障碍。因此，组织文化建设显得尤其重要，组织文化通过无声的作用，搭建组织成员沟通的桥梁，浸润组织成员的精神，从而起到凝聚人心、协调差异的作用，避免组织成员"人在曹营心在汉""人在心不在"的现象出现。协同育人组织文化是一种以"协同培养创新创业型人才"为核心的育人价值观念、道德准则、企业理念、管理方式和行为规范的综合体，能够营造全社会协同培育人才的良好氛围，激发和推动高校人才培养模式改革与创新。

第三章 Chapter 3

创新创业教育生态系统

第一节　创新创业教育生态系统的构成要素

系统是由多个联系密切、相互作用的要素组成的，且单个子集是无法形成系统的。换言之，系统内部存在多个相关联的子集，从生物学的角度来解释的话，就是各要素通过食物网输送的营养来实现相互联系，从而保证系统内部的营养均衡。本书即从生物学的角度来探讨创新创业教育生态系统的构成要素。

一、生产者：高校

如果从生态系统的角度来解释，生产者就是将无机物通过光合作用转化为有机物的一方，同时在此过程中实现太阳能与化学能的转化，目的是在保证自身生长的前提下为其他"生物"提供生命所需的物质能量。如果从经济学的角度来解释，生产者即具有决策权的生产厂家或者企业，其通过生产产品获取自身的利益，同时为社会创造经济价值。

对于高校创新创业教育生态系统，如果以生态系统来类比，则高校扮演的是"种子培育师"和生产者的角色。"种子培育师"将种子播种并精心施肥，以培育出优质的植物，因此"种子培育师"在一定程度上能决定种子质量的好坏。高校亦如此，学生是"种子"，高校是"种子培育师"，在开始培育时，高校要做的就是制订自己的培育目标和计划，然后根据培育目标选择合适的培育手段和方法，科学合理地进行人工培育，以达到培育优秀成果即优秀人才的目的。在这个过程中，"种子"的生长还会受环境和天气的影响，因此高校在培育学生时，应当关注并依托政府构建的政策环境，根据环境的变化为"种子"输送所需的营养物质，即学生主体所需的资源和条件。

国务院颁布的相关文件为高校如何定位、办学，如何发挥作用提出了要求，希望高校牢记自己的社会使命，明晰要培养什么样的人和怎样培养人等问题，归纳总结影响高校推进创新创业教育的各种因素，这些因素包括以下几个。

(1) 制度因素。

该因素是基于管理而产生的。政府需要管理当地各层级部门，学校需要管理归属学校的各个部门。为了实现规范化管理，制度因素（管理制度、政策等）就由这种教育教学、政策管理模式催生出来了。

（2）传承因素。

国内外的教育发展都经历了一个较长的历史时期，学校在长期的教学实践中形成了一套专属于校园的文化，比如"勇于探索、敢为人先、积极创新"等价值观。正是这种校园文化推动了创新创业教育的发展。

（3）教育因素。

教育因素即与创新创业教育相关的各项因素，包括教育课程、内容、方式和手段等。在创新创业教育生态系统中，高校扮演着生产者的角色。为了使创新创业教育生态系统充分发挥其效能，生产者的生产速度要与消费者以及分解者的消耗速度相匹配。

高校一方面需要自给自足，另一方面还需要为消费者和分解者供能，以保证生态系统的平衡，具体做法有四种。

（一）明确培育目标，将个性目标与共性目标分开

各高校应实施差异化的课程结构设置，根据创业教育目标要求，认真贯彻执行教育部统一设计的创业

教育方案,实现共性目标培养;同时,根据学生的实际情况和学习兴趣,细化创新创业教育相关课程,设置不同类别的创新创业教育课程。例如,上海金融学院开设了"创业管理""创业理财""创业与就业政策"等25门创新创业教育类选修课程,以满足学生对创新创业教育的个性化需求。此外,各高校可结合自身发展优势,实施特色创业创新教育。例如,农业院校在创新创业教育中可突显农业领域相关知识,工业、财经类院校可开展工业、财经类创新创业教育课程等。

(二)引进和培养"学术型企业家",提高教师培育技能

创新创业教育的教师不同于传统的学术研究型教师,他们不仅要有专业知识,还要参与学术研究以外的企业创新创业经营活动,可以说创业教育教师是"学术型企业家"。为此,高校应采取激励制度,鼓励教师走出去,允许大学教师在研究学术之余创办企业。在英国,很多大学都允许教师在五天工作日内的一天时间离开学校去进行创业活动,这个"五分之一"原则被世界各大学效仿。

(三)加大创业孵化基地、创业指导机构等基础设施建设,丰富培育手段

创业孵化基地是学生进行创业实践的训练场,只有经过系统的创业辅导、演练后学生才能孵化成成功的创业者。然而,目前各高校在创业实践平台的建设上依然存在很多问题,有的高校没有创业孵化基地和创业指导服务等机构,有的高校虽已建成这些机构,但存在场地空间小、数目少、创业项目质量不高、创业指导服务不专业等问题。为此,各高校首先应从态度上重视创业孵化基地、创业指导服务等机构,加大建设资金投入;其次,可以考虑与其他高校共享创业基础设施资源,将学生拉到其他高校进行实战,实现高校间的交流与合作,解决学校资金、校园面积等因素限制的问题。

(四)采用"导、学、做"的教育方法,改变传统教育模式

高校教师在进行创新创业教育时,第一要"导",例如,在给物流专业的学生进行创业课程讲解时,可以引导学生思考"物流行业应如何有效应对'双11'现象",根据学生的思考和回答,指导学生找到创业切入点;第二要"学",让学生根据教师的指导查阅

相关资料，探索创业模式，为创业打好基础；第三要"做"，让学生根据自己掌握的创业知识设计创业思路、创业方案等。

二、消费者：学生

从生态系统的角度来解释，消费者为了保证自身的成长，只能通过从其他生物那里直接或间接地消耗能量来获取自身所需，消费者无法直接通过光合作用来获得能量。从经济学角度来解释，消费者是指在生产经营活动中，为了获取所需而进行消费的群体。

在创新创业教育生态系统中，学生扮演着消费者和"种子"的角色，"种子"要发芽成长为参天大树，一方面离不开"种子培训师"的悉心栽培和供能；另一方面也需要依靠自身的顽强毅力来适应环境的变化，学会自己寻找资源来帮助自身成长。作为一种全新的教学理念和模式，创新创业教育要优化其教学方式和教学内容，以科学化的途径进行知识和技能的传授，在人才培养方案中纳入创新知识和技能课程，以"可教""可灌输""可培养"的人才培养方案来保障学生创新创业能力的提升。

从学生角度来看，创新创业教育的主要影响因素包括创新创业精神、创新创业品质、创新创业思维以及创新创业能力。

（一）创新创业精神

创新创业精神是学生在创新创业过程中展示出的自立、自强、自信等特点。学生要在创新创业时保持积极向上、主动成长的心态，在遇到困难时，能够抵抗住挫折和压力勇往直前，从而让自己成长为一个强者。

（二）创新创业品质

创新创业品质是指学生在创新创业过程中应该具备的品质，比如诚实守信、敢作敢为、勇于探索、不惧困难和失败等。学生要树立正确的价值观，在道德素质方面赢得良好的口碑，为自己的发展添砖加瓦。

（三）创新创业思维

创新创业思维是指学生在实施创新创业时，应该要有敏锐的洞察力和主动学习的能力，而不能一味地蛮干。学生要具备一定的思考能力，用最有效的方式来解决遇到的问题。

（四）创新创业能力

创新创业能力是指学生在开展创新创业时，前期已经储备好的创新知识和创新技能，以及在创业过程中不断学习成长的能力。

在创新创业教育生态系统中，作为消费者的学生，不仅仅要通过获取资源来优化自身储备，还需要将所收集的信息和遇到的问题反馈给生产者，从而实现教学相长。学生需要具备以下两个特征才能保证自身需求与生产者的要求相统一。

1. 主动学习，乐观积极

学生群体由于还未涉足社会，因此缺乏一定的抗压能力和解决问题的能力，所以一旦在创新创业过程中遇到问题，可能会产生"逃避"和"惰性"心理，不想再继续。对此，学校可以发挥的作用就是营造良好的创业文化氛围，多途径、多渠道地对创新创业进行宣传，并帮助学生及时摆脱困境。另外，学校可以定期依托校内外资源举办大学生创新创业文化活动，降低创业的神秘感从而激发学生的热情，并及时传达和解读政府针对大学生创业的扶持政策和措施，让学生积极参与创新创业。

2. 勇往直前，不惧困难

目前，不少大学生对创新创业望而却步。在这种情况下，学校应该鼓励学生积极参加社会实践以及与创新创业相关的竞赛。让学生完整地体验创新创业项目是如何从产生到落地再到运营的。在这个过程中，学生会遇到各式各样的问题，关键是要让学生学习创业者是如何解决难题的。

三、分解者：载体

生态系统中的"分解者"会分解动植物从体中排出的残杂物，也会对动植物遗体进行分解和物质释放，而被分解和释放的物质会供生产者再次使用，从而使生态系统中的能量循环往复，实现系统能量均衡。

在创新创业教育生态系统中，分解者主要是指工程训练中心、实验室、众创空间等教育载体。通过这些载体，教育者可以考查学生在实践过程中对专业基础知识的掌握程度，是否能将这些知识转化为能力并进行熟练运用。其实，教育载体本质上是实现生产者与消费者之间的能量转换和信息互通的平台，老师教得好不好，学生学得扎不扎实，都能在这个平台上得到体现。

分解者对生产者和消费者的作用并不是一次性的，而需要在不同阶段和层级中通过不同的方法来得到发挥。作为沟通桥梁，分解者应该整合好资源，为创新创业教育的开展提供以下支持。

（一）为大学生创业提供实践基地

通过校企合作的方式，依托企业这个平台以及企业订单式的人才培养需求，向企业输送所需的优质人才。另外，学生有了实践的平台后，能够在真实企业中学习公司运作模式和经营方式，并将自己所学理论知识运用到实践中去，不断丰富自身的知识和技能储备，实现学校和企业的合作共赢。

（二）为大学生创业提供资金支持

大学生作为创新创业的生力军，对于理论知识的架构有较为完善的了解和认知，但是当理论付诸实践时，还未涉足社会的学生群体虽有创业梦想，却缺乏资金支持。因此，创新创业教育生态系统的载体可以设立扶持大学生创业的专项基金，解决大学生创业资金难寻的问题。这也是实现校企合作的有效途径。

四、影响者：环境

"种子"在生长过程中极易受到土壤质地、气温气候、自然现象等环境因素的影响。为了保障"种子"顺利成长为优质植物，生产者需要有效整合环境中的资源，以供"种子"汲取。

在创新创业教育生态系统中,环境作为影响者,会对整个创新创业教育生态系统产生促进或者是阻碍的作用,因此高校应牢牢把握环境因素,争取将各种环境因素都演变成能促进系统有效运转的要素。

(一)国家政策环境

国家政策环境是指国家为实现人才强国、创新驱动发展战略所颁布的各项激励政策、措施。

(二)经济环境

目前,我国经济已实现了结构优化调整,在新的经济环境下涌现出大量的机遇,抓住机遇就意味着抓住了效益。

(三)教育与科研环境

国家对高等教育的重视决定了高校获取资源的优势。我国一直强调"以人为本"的人才强国战略,在这一宏观背景下,高校的科研成果比以往更能顺利地转化落地。

第二节 国内外创新创业教育生态系统的运行情况

一、国外典型高校创新创业生态系统的运行情况

（一）麻省理工学院

麻省理工学院创新创业教育生态系统是由内外部环境和各要素构成的。内部环境是指麻省理工学院崇尚的创新创业文化，外部环境是指政府所提供的支持，构成要素包含创新创业中心、商业竞赛、学生创新创业俱乐部和孵化器平台等。若以生态系统来类比麻省理工学院创新创业教育生态系统中的各部分对应的角色，则为：创新创业中心是生产者，商业竞赛和学生创新创业俱乐部为催化剂，孵化器为分解者，企业为消费者。具体情况如下。

1. 创新创业中心（生产者）

早在20世纪90年代，麻省理工学院为了整合校

内外的创新创业资源而成立了创新创业中心，该创新创业中心扮演着创新创业教育领导者和规划者的角色。构成该中心的成员包括专家学者、专业教授以及创业者，他们组成团队共同商讨和研究学生的人才培养方案和创新创业课程。此外，该中心还经常组织一些对外宣讲活动，组织与创新创业领域相关的学术论坛。该中心为学生提供的实践平台和实习基地是美国的硅谷。

麻省理工学院的创新创业课程主要来自该中心，目前的情况是该中心每年会在原有课程的基础上增设二到五门新课程，这些课程包含了一个想法从迸发到发展成项目再落实到企业的全部过程，能让学生清晰地了解创办企业的过程。麻省理工学院创新创业教学内容涵盖创业知识的普及、商业计划书的撰写、创业实践三个阶段，在每个阶段都会有对应的课程。比如说，在创业知识的普及阶段有市场营销、管理学、公司创业等课程；在商业计划书撰写阶段，主要培养学生将创意、想法以规范化的形式转化为纸质文档的能力，相关课程包括商业计划书撰写的格式规范、内容优化等；在创业实践阶段，主要是带领学生到企业中去感受和体验企业的经营运作过程。麻省理工学院开放各学院学习窗口,学生可以到不同的学院进行学习,以实现交叉学科建设和全面发展人才培养。

2. 商业竞赛(催化剂)

麻省理工学院商业竞赛已经举办了很多年,培养了大批优秀的创业人才,取得了显著的成绩。另外麻省理工学院还设立了高达十万美元的竞赛奖励资金。

该大赛的评委专家为风投专家和企业家,他们的特点是看重市场和盈利。该大赛的赛制分为三个部分:创意演讲竞赛、商业计划书竞赛、项目路演答辩竞赛。第一个竞赛主要是创意"金点子"比赛,由主办方给定一个主题后大家可以天马行空地想创意,创意数量最多者获胜;第二个竞赛主要是比拼参赛团队的商业计划书,考核商业计划书撰写的规范性,以及内容的完整性;第三个竞赛就是项目路演答辩,即参赛团队根据自己撰写的商业计划书制作PPT,PPT是商业计划书的浓缩版,因此PPT上的语言要高度精练,这个竞赛考察的是答辩者的演讲能力和应变能力。这三个竞赛环节相互关联,每个环节都是上一个环节的补充和完善,每个环节也是下一个环节的基础和依据。

3. 孵化器平台（分解者）

学生的创业过程分为五个阶段：创造创造力、将思想转化为技术成果、将技术成果形成商业计划、落实商业计划和创建公司。在学生们有了自己的创业想法之后，麻省理工学院有专门的机构根据学生们所处阶段的需求来帮助他们。麻省理工学院的一套完整的科技孵化器就是由这些分工清晰且互帮互助的组织构成的。例如，在将思想转化为技术成果的阶段，有一个专门的机构（麻省理工学院技术许可办公室）来管理学生的技术成果，筛选出具有一定应用价值的成果进行商业化并以此为依托创建企业；对于专利技术，可以出售给现有的公司，也可以基于技术，编写业务计划、运营计划，并创建新的公司。另外，转让专利技术的收益可以采取反哺的形式继续用于教育和科研，保障生态系统的稳定循环。提到专利，就涉及专利权，为了维护师生的知识产权不被侵害，学校设立了专门的专利管理委员会，以委员会的名义出面解决专利类型认定、归属和收益分配等方面的问题。

4. 企业（消费者）

为了加强与企业的联络，麻省理工学院于1848年就启动了联络计划，建立相关科技研究实验室和跨学科发展中心，实现了与150多家企业的校企合作。麻省理工学院在美国软件、通信、计算机等高科技产业公司和研究机构集聚的电子工业中心设立了自己学院的实验室，一方面是为了和这些高科技企业合作，为其提供技术支持；另一方面是想利用这些企业为学生提供就业场所、实践实习场所以及学习机会，这样才能够实现合力育人的目的。

5. 创业文化（内部环境）

麻省理工学院还设有麻省理工学院创业论坛，目的是为全校师生提供学术交流、拓宽视野的机会与平台。麻省理工学院还根据师生的需求开办了各种类型的评论杂志，包括《技术创业与评论》《管理研究评论》《知识产权维护》《创新影响研究报告》。这些杂志的创办是为了丰富师生的知识层面和理论认识，并提供全面完善的创新创业信息，这为学校创建强大的创业文化奠定了基础。

6. 政府、社会等多方支持（外部环境）

美国政府和社会对创新创业教育的扶持主要包括以下方面。

（1）为了营造和谐美好的创新创业氛围，同时维护学校和师生的合法权益，政府制定了相应的政策法规来约束某些行为。比如说，出台和颁布一些激励政策，通过宏观控制的手段为大学生创业主体减少经济压力。

（2）为了帮助刚创立的企业快速发展，政府在采购时会优先考虑初创企业的采购，保障新企业的物资资源。

（3）成立创新创业服务机构，通过规范职能部门为创业者提供技术、融资、咨询培训服务。同时，设立创新创业教学专项基金，为研究创新创业相关学术和课题的师生提供资金资助。另外，为师生提供完善的融资培训和投资风险规避培训。

（二）慕尼黑工业大学

慕尼黑工业大学开展创新创业教育的历史已久，是较早开展此类教育、创建创新创业教育生态系统的大学之一。其成熟的创新创业教育生态系统是我们学习和借鉴的榜样。慕尼黑工业大学创新创业教育生态系统包括的具体内容如下。

1. 课程及师资（生产者）

慕尼黑工业大学创新创业教育课程主要是由学校的综合机构根据创新创业活动每年的开展情况来制定的。因此，以创新创业活动为依据编写的课程是逐年完善的。慕尼黑工业大学有一套立足校情和不同学院、学科组合构建的跨学科课程体系，同时也设立了一套综合学术和实践，且有具体受众的特色创新创业教育课程。慕尼黑工业大学具有强大的师资力量，组成人员都具有丰富的创业实战经验，在教学过程中可以结合自身经历对教学内容进行拓展，让其更具有说服力。慕尼黑工业大学的课堂教学形式是双向互动的，学生可就创办企业中遇到的各个问题逐一进行咨询，经验丰富的授课教师会及时解答。

2. 孵化机构（分解者）

综合性机构、研究机构、技术机构共同构成了慕尼黑工业大学的孵化机构，为学生提供全面的创业支持。

综合性机构的作用是协调创新创业教育各环节的运作，因此其作用相当于 CPU，是创新创业教育系统的核心，其下设立了创新创业中心、行业协会、联络处等多个职能部门。

研究机构下设置了创业研究、金融研究等部门，对创新创业领域进行深入研究，从而不断完善学校创新创业教育的理论基础，推动创新创业教育的不断发展。慕尼黑工业大学的创业研究所是目前欧洲领先的研究机构之一，它的功能就是教学和研究。它是由具有不同背景和资历的科学家组成的跨学科团队，主要致力于创业教育和创业者成长规律的研究，并取得了较大成果。

技术机构下设置了两部门，一个是与技术创新相关的部门，一个是创新管理的部门。前者主要做实验的部门，该部门通过实验实现技术创新，并帮助投资家分析其可行性和用途，并帮忙制定相关的创业战略。后者主要提供服务，为师生申请专利类型、维护知识产权等提供服务。

3. 企业（消费者）

消费者在创新创业教育生态系统中是不容或缺的，缺少了它，整个创新创业教育生态系统都得瘫痪。因此，慕尼黑工业大学非常重视与各行业的合作，与大众、宝马、安联保险等知名企业保持着长期友好的合作关系。此外，慕尼黑工业大学还设立了创新创业专项基金，旨在为处于创业初期的科技型新企业的市场扩张提供资金。

4. 创业大赛等活动（催化剂）

慕尼黑工业大学充分利用外部资源和网络，在学校开展各种类型的创业竞赛，既提高了学生的创造力，又为学生提供了创业所需的资金和社会关系网络。例如，每年举办的创意奖竞赛旨在鼓励创意型学生和教师开展新的业务；每年举办"创业之夜"活动，邀请成功的校友来分享他们的创业经验。在这里，学生可以找到有相同兴趣的合作伙伴，交换想法，并扩大他们的社交网络。同时，成功的校友将分享他们的创业经验，并提供咨询服务。

二、国内典型高校创新创业生态系统的运行情况

在对国外高校创业教育生态系统进行分析后，更容易发现我国高校创新创业教育生态系统存在的问题。本书选取清华大学、郑州大学、上海交通大学和东北师范大学四所大学，分析其创新创业教育生态系统的组成和运作，以期对我国高校的创新创业教育生态系统的改进提供参考。

（一）清华大学

清华大学创新创业教育生态系统的构成与麻省理工学院和慕尼黑工业大学一样，都包括课程及师资、孵化器平台、创新创业大赛等。

1. 课程及师资（生产者）

创新创业教育开展的主要方式是创新创业相关课程，课程体系是创新创业教育的核心问题。清华大学依托社会实践，精心打造了一套与实践相互补充和融合的创新创业教育课程体系，将课程分为了必修和辅修两种。在课程内容制定上，依据学生的阶段属性开设相应的课程。另外，学生还可根据自身成长所需定制课程，使创新创业人才培养更具针对性。

具体的分类情况：所有本科生均须修读"创业管理""技术创新管理""优秀创业人才培养计划"等通识课程；所有研究生须修读"创新研究""创业研究""创新方法""设计思维"等通识课程；所有在职硕博士均须修读"企业战略创新""技术驱动商业创新""全球互联网时代的商业创新"等实践课程；对于创业意愿强烈的学生，学校还开设相关职业证书考试培训课程、技能培训课程、实践课程等。

为了让全校学生更好地认识创业、了解创业、接触创业，清华大学还开设了大量的创业课程。同时，在授课形式上采用"走出去、请进来"战略，即一方面带领学生到国内顶尖企业进行参观，让学生亲自体验这些企业的生产运作、组织架构、企业文化等，加深学生的体验感；另一方面，请优秀的企业家到校针对自己擅长的领域进行授课，以言传身教。在考核方面，学校采用等级考核制度对学生创新创业课程修读情况进行评定，即在课程结束后，根据学生团队的商业计划书和路演答辩情况进行等级评分。

在创新创业教育的师资方面，学校不仅拥有国内顶尖的创新创业领域的专业老师，还拥有优秀企业家、典型创业人物。学校还为教师提供出国访学的机会，让教师不断更新自己的知识库，然后再把优化后的新知识传授给学生。此外，学校还成立了由来自各界的专家组成的创业导师团队，对导师采取的是为期一年的聘任制，这样能让学生尽量多地接触来自各行各业的创业者和企业家，以便不断地更新自己的知识。

2. 孵化器平台（分解者）

清华大学的孵化器平台根据侧重点不同，可划分为理论研究型孵化器平台和实践研究型孵化器平台。创业研究院和技术创新研究中心是第一种类型的孵化机构，X-lab、创客空间是第二种类型的孵化机构。创业研究院和技术创新研究中心都是以经济管理学院为依托建立起来的，前者主要研究创业企业和投资政策,并且每年会举办相关创业会议,贯彻落实相关创业政策;后者主要是研究国家自主创新战略,为国家制定相关政策提供理论层面的支持。清华大学三分之二的创新创业课程都是由该中心开发的。

2013年成立的 X-lab 归属于第二类孵化机构,也是依托经济管理学院成立起来的,但在成长过程中还和其他14个院系、清华科技园、清华控股建立了合作关系。在校师生、校友在任何阶段的创业项目都可以在 X-lab 里进行孵化。X-lab 会为创业团队在清华科技园划拨一定面积的工作场地,并为其配备专家进行项目指导,避免这些创业团队走弯路。另外,X-lab 也为有创业意愿的同学开放场地,并不定期举办培训讲座,以便他们参观学习。

3. 创业计划大赛(催化剂)

创业计划大赛的赛制是首先由参赛团队提出可行创意,然后再将该创意纸质化,即撰写商业计划书,以此来吸引风投专家的投资。可以看出,该比赛将技术创新与风险投资相结合,是学生创业者同企业家和投资家联系的纽带。其以比赛的形式让学生获取知识和能力,也以比赛的形式有效地支持学生的创业行为。

4. 政府、社会和校友企业的支持（外部环境）

政府在创新创业教育生态系统中的作用是提供免费的项目孵化场地和政策支持，即一方面向学生创业团队提供免收租金的工作场地和项目孵化器平台，另一方面还为学生创业团队提供资金支持、减税免税等优惠政策。

为了更好地帮助学生实施创业，清华大学还会从社会各界筹集创业专项基金，为学生的实践、创业提供资金支持。

（二）郑州大学

郑州大学创新创业教育生态系统与上述几个学校一样，由课程及师资、孵化器平台等组成。

1. 课程及师资（生产者）

郑州大学的创新创业教育课程分为必修课程、选修课程和网络课程三种。必修课程是创新创业基础课程，面向整个学校开设。选修课程一般在周六和周日上课，也向所有学生开放。此外还有网络课程，大约有 40 多门，学生可通过学校分配的网络课程平台账号自行登录进行学习。

郑州大学创新创业教育方面的教师主要有四类：专职教师、兼职教师、创业顾问和创业导师。学校专职教师负责创业课程的教学。兼职教师须经过培训并取得相关证书后方可开设相关创业课程。创业顾问主要为学生提供一些创业方面的指导，比如学生参加创业竞赛时，创业顾问会根据竞赛规则帮助学生做好方案。创业导师主要教授学生创新思想和方法、项目设计方法等，引导学生参与创新创业竞赛。此外，创业导师还会在商业模式建设、创业政策、股权融资和营销等多个方面为学生提供咨询服务。

2. 孵化器平台（分解者）

目前，郑州大学规模比较大的孵化器平台是于2015年成立的名为创业联合会的机构。这个机构由学生发起，并建立了线上服务平台——创联微信公众号，目的是让在校学生更快速便捷地了解创新创业相关扶持政策和趋势。同时，该机构也会邀请社会上的创业成功人士来校做宣传交流，与同学们分享经验，并提供相关资源及机会。创业联合会的工作内容会根据不同的对象来制定。面对学校，要推荐比较优秀的创业团队；面向学生，开展形式多样、内容丰富的创新创业实践活动、比赛以及学术论坛，同时还会为具有强烈创业意愿的同学提供一条龙服务，通过整合校内外的资源，为其争取更多的资金和技术资助；为丰富创业团队的智力库和经验，邀请国内外知名的专家学者、企业家开展讲座，分享其创业故事。

3. 政府和企业支持（外部环境）

郑州大学的创新创业教育校外支持系统主要包括政府和企业两个方面。先来看看政府的支持力度。郑州大学是河南省唯一一个"211"大学，因此河南省政府和郑州市政府对其高度重视，非常支持郑州大学创业教育生态系统的运行。省政府加快推进学校科技园的建设并力争将其建设为高新区的科技特色标志；市政府与郑州大学合作，打造项目孵化基地，即大学生创新创业基地。此外，省政府建立的商圈允许郑州大学学生的成熟项目入驻并会给予一定的补贴。

另外，郑州大学的很多校外支持还来源于企业，其中大部分是校友创办的企业。这些支持包括资金和技术两方面。

学校就业创业指导中心负责管理本科创业团队，研究生创新中心负责管理研究生创业团队，教务处、学生处和团委帮助学生团队改善创业项目。学生团队创业计划相对成熟后，可以参加相关比赛，获奖项目可以选择进入学校的大学生创新创业基地进行项目孵化。如果项目没有通过创业竞赛，则需要满足相应的条件才能在创新创业基地落户。

(三) 东北师范大学

东北师范大学创新创业教育生态系统也由课程及教师、创新创业竞赛、孵化器平台等组成。

1. 课程及师资（生产者）

根据教育部创新创业人才培养目标，东北师范大学提出了"人人分类教学"的教学目标。

对本科生来说，有四种类型的创业课程。第一个是针对所有学生的一般创业课程，讲授创新和创业的基本知识，注重培养学生的创新能力和创业能力，激发学生的创新和创业意识。第二个是针对不同专业的学生的嵌入式创业课程。该课程是基于各种专业的特点和创业教育的相关理念来设计的，主要指导学生根据自己专业的特点创办企业。第三个是针对所有具有创业意向的学生的特殊创业课程，主要是让学生掌握启动和管理中小企业的知识和技能。第四个是为所有想要创业的毕业生提供的职业创业课程，主要是为毕业生提供继续接受教育的机会，并帮助毕业生顺利渡过创业的初始阶段。

研究生阶段的创业课程体系也有不同的侧重点。普通学位研究生的创业课程注重基础研究，注重培养学生的自主学习能力和研究能力。专业学位研究生的创业课程侧重于培养学生的专业能力。此外，学校还为专业学位研究生提供财务分析软件、模拟法庭、创业管理和公司治理等方面的课程。

东北师范大学创新创业教育的教师主要有专职和兼职两种。学校建立了专职教师的定期评估和淘汰制度。另外，学校为专职教师提供岗前培训，且鼓励专职教师到企业中锻炼。兼职教师主要包括科学家、企业家、成功的校友等。学校针对兼职教师制定了兼职教师管理条例。

在新时代，开展创新创业教育要学会利用互联网平台。东北师范大学设立了专门的网站为学生提供线上创新创业课程教学和线上创新创业指导，同时网站还会及时推送与创新创业相关的政策、与创新创业大赛相关的信息。同时，学生还可以利用这个平台寻找具有相同兴趣的合作伙伴，组成创业团队。此外，学校还建立了一个专家咨询平台，在平台上学生可以随时咨询创业中遇到的问题，专家则在线上进行解答。

2. 创新创业竞赛（催化剂）

自2010年以来，东北师范大学开展了一系列创新创业竞赛，如创业计划竞赛、1000元实践创业竞赛、高峰营销竞赛等，激发了学生对创新和创业的兴趣。以创业计划大赛为例，大赛面向所有在校生。参赛团队通过市场调查，挖掘和展示具有一定市场前景的创业项目，测试市场接受度并进行可行性分析。经专业评委选拔后，胜出团队参加学校的专业培训。培训包括知识培训（如提高企业家意识、扩大企业愿景和加强创业技能等）、企业模拟管理软件的使用培训等。培训结束后，团队根据学到的知识改进项目计划，并进行企业模拟管理。最后，专业教师会选择成熟的团队项目进行孵化。

3. 孵化器平台（分解者）

东北师范大学的创业中心主要为本科生创业活动提供服务，是大学重点创业实践基地。自成立以来，该中心始终坚持校园创新和校园创业的原则。该中心的主要任务是营造创业氛围、激发创业激情、提升创业能力、孵化创业项目，不断提高东北师范大学的创业文化水平。该中心有两个办公室：本部校区办公室和净月校区办公室。每个办公室由6个部门组成，包括办公室、项目部、公共关系部、资管部、创业实践部和网络编辑部，各部门分工明确。每个校区办公室有1名主任、2名副主任、6名部长、24名副部长和一些干事。大学生创业中心与多家企事业单位进行了接触，并对相关项目进行了探讨，建立了创业人才库，增加了学生的实践机会。

4. 政府和企业支持（外部环境）

在国家大力支持高校创新创业教育的宏观背景下，吉林省政府对东北师范大学所提供的支持力度可以说是很大的，通过政校合作，共同推进创新教育师资水平的提高。双方合作开设了培训项目，该项目每年都会组织创业教师和管理人员前往外地接受培训。另外，政府还在资金和政策方面向东北师范大学的创新创业团队提供支持。

而东北师范大学与企业是双赢合作关系，合作的领域包括管理、实习、培训、科研等方面。在学校方面，东北师范大学利用学院的软硬件教学资源，为企业提供职业培训和技能认证等人才培训服务。在企业方面，企业推荐优秀管理人才和技术骨干与学生进行沟通，开展实践教学，使学生对企业有更深入的了解，提高实际操作能力。此外，企业还与东北师范大学共同开发与创新创业相关的课程，并为大学提供资金支持。为进一步加强校企合作，近年来东北师范大学开始拓展校外创业实践和教育基地。

第三节　高校创新创业教育生态系统现状分析

一、人才驱动力不足

习近平总书记强调，创新驱动实质上是人才驱动，我们要在创新驱动过程中发挥人才的引领作用。在发展过程中，个体的力量是薄弱的，我们需要快速成立一支具有一定规模且具备创新精神、敢为人先、敢于承担风险的创新创业人才团队。这个团队的构建主要是在用好现有人力的基础上吸引更多的优秀人才，从而为下一批人才的培养提供支持。

用好现有人力是指在人才培养过程中，用好教师、科研人员和企业家，激发他们的创新创业激情，将这类型人才集聚在一起，同时吸引其他同类型人才的加入，在后续人才培养过程中做到用好人才、才尽其用，以达到预期目的。具体的做法包括以下内容。

（一）建立高学历科技人才引进制度

树立典型创业人物，对科技人才和创新型领军人才提供长期资助，鼓励他们在高校成立工作室，创建科技创新人才培养基地，广纳优秀学生作为其团队成员。

（二）打造优势创新创业学科

根据当下所需和重点发展领域打造具有优势的创新创业学科，为创新创业型人才培养奠定基础。课程主要面向低年级本科生，聚焦学科发展过程中的创新或突破对相关行业发展带来的重大影响。

二、创新创业教育生态系统循环性不强

高校创新创业教育生态系统的建设，在时间上呈现出了较为明显的阶段性特点。基于这些特点，可将创新创业教育生态系统的构建阶段划分为几个阶段：萌芽阶段、起步阶段、阻滞阶段和良性发展阶段。

（一）萌芽阶段

这是创新创业教育意识刚产生的阶段。在这个阶段，高校虽然认识到构建创新创业教育生态系统的重要性，但是由于意识刚产生，高校对其的关注只停留在目标规划层面，还未采取实质性行动。

（二）起步阶段

在该阶段，高校基于上一阶段的目标规划开始对创新创业教育生态系统进行较为深层次的研究，并按照规划的路线建设创新创业教育生态系统。换言之，在这个阶段，高校开始付诸行动，通过走访调研、对比研究、深度分析，总结发展得比较完善的创新创业教育生态系统的经验和做法。

（三）阻滞阶段

在该阶段，创新创业教育生态系统已经建设了一段时间了，但是在发展过程中可能会受到来自内外部因素的影响，导致该系统的发展出现滞缓现象。

（四）良性发展阶段

高校创新创业教育生态系统经历了上一个阻滞阶段后，会遭遇建设瓶颈，各主体为了突破该瓶颈会采取各种办法，一旦瓶颈被突破，创新创业教育生态系统就会进入一个快速发展即良性发展的时期。

随着时代的进步，我国各高校创新创业教育生态系统的发展态势越来越好，生态系统的雏形也初步建立。但是通过与国外高校的创新创业教育生态系统进行比较可以发现，我国的创新创业教育生态系统的循环性不强。比如，德国慕尼黑工业大学的创新创业教育系统，生产者为师资和创业课程，教师会传授创业知识给有意向创业的学生，并将这些学生输送到科研机构、创新创业中心等能够辅助学生进行创业的分解者处。在这个过程中，创新创业大赛作为催化剂出现，参加这些活动会加速学生创办项目的成熟，最后项目落地，学生成功创办企业。作为消费者的企业在整个创新创业教育系统中为生产者提供资金和硬件设备支持，而生产者又将知识技能和人才回馈给企业，保障了这个系统的营养均衡，使得系统一直良性循环。

而我国的高校，多数没有设立专门的部门来匹配创新创业企业之所需，导致我国的高校创新创业生态系统循环性不足。

三、多维主体社会职责不明确

国家的创新创业体系建设是以高校为集合点的，通过内外互联、循序渐进的方式推动科技成果的转化落地。一个具有开放性特点的创新创业教育生态系统，应该充分发挥自身优势，实现校内外优质资源的整合，从而为人才培养提供资源。目前，我国高校创新创业教育生态系统的多维主体职责不明确，存在着链接乏力、聚合度不高的现象。

（一）不能有效整合地方政府资源

作为地方创新政策的制定者和实践者，地方政府具有比较特殊的作用。目前，我国高校与地方政府的联系度不高，高校未能充分发挥自身的学科、技术以及人才优势，尚不能与地方政府实现共创、共建共赢。

（二）和企业的联动性不高

企业是高校创新创业教育的实践平台，同时也是学生将所学知识转换为实用技能的载体，在创新创业教育中占据着举足轻重的地位。但是目前存在着高校创新创业教育与企业的联动性不高，协同共建和创新的格局不成熟，高校与创新创业相关的科研项目未能得到很好的孵化从而导致项目瘫痪的现象。同时，高校也未能认清企业在创新创业教育生态系统中的地位和优势，从而未对企业"全域"开放，阻碍了高校与企业之间的合作，同时也影响了创新创业教育生态系统的延展和创新创业型人才的培养。

四、高校创新创业文化建设有待加强

高校的创新创业文化建设自国家创新驱动发展战

略实施以来实现了内容不断深入、水平不断提高的目标。然而调查发现，在发展过程中仍然存在以下一些突出问题。

（一）高校创新创业文化氛围不够浓郁

据调查，不了解或不知道学校有创新创业中心等相关组织的学生比例及从没参与过创新创业相关活动的学生比例都相对较高。这说明，尽管学校比较重视创新创业教育工作，也积极开展相关工作，组织相关活动，但校园内的创新创业文化氛围仍然不浓厚，其在学生群体中的覆盖面、影响力仍然呈现出较为薄弱的状态。

因此，学校应利用新媒体加强宣传，鼓励学生积极参与；同时，开通相关培训班、讲座的微信群、QQ群等，让志同道合、有创业想法的学生利用这些平台聚集到一起。

（二）创新创业的外部支持不足

要将创新创业意识落实为创业企业需要得到的多方支持，包括平台、资金和人力等方面的支持，通过这些外部条件共同推动创新创业文化的建设。但调查发现，只有少数受访者认为现有的外部条件能支撑起创新创业文化建设，更多的受访者认为现有的这些条件不足以支撑创新创业文化建设。另外，调查发现，部分高校师生创新创业意愿未转化为实践的根本原因是外部支持条件不充分。

（三）交叉融合度低，转换率不高

高校要以创新创业建设为抓手，构建一个适合本校的创新创业教育生态系统。同时，创新创业教育只有走进主战场，与学生的专业教育有机融合，才有强大的生命力，这也是创新创业教育的目标。

但是，目前高校普遍存在创新创业教育和专业教育之间交叉融合度低，专业知识向实践技能转化水平不高的问题。

这些问题的存在使得创新创业人才的培养受到阻碍。现阶段多数高校开展创新创业教育的做法是开设创新创业课程，但是这些课程与学生的专业课教育相互独立，并不共通。调查发现，一些学生认为创新创业教育的理论课程多过实践课程，且现有的课程并没有和专业课程进行很好的结合，使得专业技能的学习不能体现创新性。也有学生认为，现阶段的创新创业教育没有取得好的效果的原因是学校提供的创新创业机会有限。

创新创业教育生态系统的有效运行需要来自内外

部环境的支持。麻省理工学院、慕尼黑工业大学等高校通过创办创业论坛，建设创业社团，为学生提供参与创新创业活动的机会，让学生在开展创新创业活动时，有场地、有资金。其实，激发学生创新创业热情的方式有很多，目前高校采用比较多的方式是开展讲座、带领学生参观企业、举办创新创业相关竞赛等，以达到促进学生创业实践的目的。但多数高校都忽视了对创业失败同学的关照。学校应该设立专门为创业失败的同学服务的部门，帮助其分析原因。如果只是定位不准等小问题，项目本身还不错的话，就鼓励其调整方案再接再厉；如果项目本身就有问题，则要帮助其提前抽离。

第四章 Chapter 4

"立德树人"对创新创业教育生态系统的引领

"立德树人"中蕴含的社会主义核心价值观，影响着创新创业教育生态系统的演化方向，且对创新者和创业者的创新意识、创业技能、价值体系都会产生作用。

第一节 思想政治教育与创新人才培养

一、高校思想政治教育专业的发展历史

思想政治教育是精神文明建设的首要内容，也是解决社会矛盾和问题的主要途径之一。改革开放以来，我国高校的思想政治教育经历了四个发展阶段。

（一）第一个阶段

这个阶段从 1978 年到 1980 年初。在这个阶段，思想政治教育领域主要开展"实践是检验真理的唯一标准"的大讨论，重新确立了"解放思想，实事求是，一切从实际出发"的思想路线。以培养人才和科学研究为中心的高校思想政治教育，对推动高校师生

的思想解放和观念的转型起到了重要作用。

（二）第二个阶段

这个阶段从 1980 年初至 1980 年末。在这个阶段，高校思想政治教育把握正确的发展方向，贯彻和坚持党的"一个中心，两个基本点"的基本路线。

（三）第三个阶段

这个阶段从 1980 年末到 1990 年末。在这个阶段，为适应中国特色社会主义事业和现代化建设的需要，培养优秀的人才，高校思想政治教育开始立足发展、强基固本的系统建设，加强校园文化建设，注重人文素质教育，在提高大学生科学素养的同时注重学生人文素质教育。这一阶段的高校思想政治教育取得了重要成果，步入了稳定发展时期。

（四）第四个阶段

这个阶段从 21 世纪初开始至今。这个阶段，为了满足大学生的精神文化需求，培养具有开拓精神和创新精神的社会主义现代化人才，高校思想政治教育把促进人的发展、注重以学生为本纳入思想政治教育体系中，全面改革创新高校思想政治教育理论体系，以道德建设为基础，以培养大学生的全面发展为目标，进一步提高思想政治教育的科学化水平。

二、思想政治教育与创新人才培养的结合

从现阶段的办学实践来看,高校应以社会主义核心价值观为引领,注重"工匠精神"的校园文化建设,注重优秀传统文化的熏陶,注重包含诚信品质、职业精神、法律意识和公民责任等的现代社会人才的基本素质的培养。通过创新创业教育与思想政治教育的互动与整合,打造一批基于专业教育、体现专创合一、引领行业发展的精品课程,使每一名大学生都能真正树立起具有时代性、科学性、稳定性的创新创业价值观。

(一)思想政治教育与创新人才培养结合是人才培养的必然趋势

高等学校在开展创新创业人才培养时,应以思想政治教育作为思想指南,遵循思想政治教育的要求,将社会主义核心价值观融入教育的全过程,让受教育者在成长成才的道路上不忘初心,领悟其中的真谛。高校教育要坚持在党的引领下,将教育同社会发展、进步相结合,激发大学生的家国情怀、爱国主义,在以人为本的基础上加强思想道德建设,全面发展大学生的德育、智育、体育、美育和劳育,使其成长成国

家需要、社会认可的优秀人才。

思想政治教育在创新创业教育中的作用体现为引导学生将其价值取向定位为成为具有创新精神的人才，因此思想政治教育要把培养学生的创新意识、创新精神和创新能力的重要地位凸显出来，要站在社会进步和国家发展的高度去认识思想政治教育与创新创业教育融合的重要性。高校应鼓励学生积极乐观地迎接挑战，在多个学科领域都要做到与时俱进，及时根据时代发展做出相应的调整，主动参与社会实践，主动去认识和了解创新创业，增强自主思考的能力。

（二）思想政治教育与创新人才培养结合是现代教育发展的趋势

创新创业教育不仅关乎人的生存和发展，也关乎人的素质的全面提高。创新创业教育旨在提高人的创新创业意识和能力，对大学生创新精神和实践能力的培养有明显的偏向性。在当前的就业形势下，我们应该更加重视创新创业教育的发展，培养大学生的独立、大胆、坚韧、克制、合作等人格特质，帮助大学生树立正确的创新创业价值观。因此，在现代教育快速发展的时代，将创新创业教育纳入高校思想政治教育内容体系，可以使大学生理性地理解创新创业，通过理论知识的学习,科学地开展创新和创业实践活动。

第二节 "立德树人"的作用机制

一、"立德树人"与高校创新创业教育

创新型人才是指富于开拓性、具有创造能力、能开创新局面,对社会发展做出创造性贡献的人才。思想政治教育创新型人才简单地说,就是能够在思想政治教育理论研究和实践领域开拓进取、与时俱进、开创思想政治教育发展的新局面,对社会发展做出创造性贡献的人才。思想政治教育决定了创新创业教育的价值导向,保证了创新创业教育的政治方向。创新创业教育是思想政治教育的新内容,提升了思想政治教育的针对性和实效性。良好的思想政治教育能够帮助大学生形成正确的世界观、人生观和价值观,为大学生的未来发展指引正确的方向、为大学生创新创业教

育做好必要的铺垫，同时也为大学生创新创业活动的选择指明方向。

大学生进行创新创业活动时，会遇到许许多多的诱惑，而多数大学生缺乏社会经验，极易被社会不良风气影响。因此，为了让大学生更好地进行创新创业活动，高校需要对大学生进行思想政治教育，增强大学生明辨是非的能力，有效地对大学生的心理进行疏导，提高大学生的心理素质，让大学生学会理性地应对来自社会的各种影响和压力。

（一）思想政治教育学科的学术地位呼唤创新型人才

当前思想政治教育学科蓬勃发展，但是思想政治教育学科的高水平人才奇缺，思想政治教育学科的教师学术水平有待进一步提高。另外，由于思想政治教育学科成立时间不长，缺乏必要的学术积淀，所以思想政治教育学科教师的学术深度、广度都还不够，这就限制了思想政治教育学科的进一步发展。

当前思想政治教育学科在学术界影响力不够强，学术成果在国内较难引起学术界的重视，一个重要原因就是人才层次不够高。要发展思想政治教育学科就必须培养面向世界、面向未来、面向现代化的思想政治教育创新型人才。我国哲学社会科学事业的发展，需要造就一批用马克思列宁主义武装起来，立足中国、面向世界、学贯中西的思想家和理论家，造就一批理论功底扎实、勇于开拓创新的学科带头人，造就一批年富力强、政治和业务素质良好、锐意进取的青年骨干。

（二）思想政治教育学科的困境呼唤创新型人才

当前思想政治教育陷入一系列发展困境，要尽快走出困境，就需要创新型人才。

1. 定域关注

思想政治教育的学科内涵限定在既定的范围内，未能开拓研究的新领域，提出有价值的新问题，其发展被限定在一个封闭的问题域里面。

2. 精细发展

精细发展与定域关注密不可分，既然关注的问题多为固定的几个方面。因此，思想政治教育学科的基本概念无一不曾被反复审视和研究过。

3. 学院式发展

思想政治教育学科越来越倾向于理论的建构、逻辑体系的建立，因而与思想政治教育的实践脱节现象严重。

（三）思想政治教育学科的发展呼唤创新型人才

我国历来高度重视思想政治教育工作。在党和国家的亲切关怀下，思想政治教育学科取得了飞速发展，但是，现在思想政治教育学科需要从粗放式发展转向内涵式发展，就需要创新型人才的支撑。

二、"立德树人"在创新创业教育生态系统中的作用

（一）价值导向

高校进行创新创业教育时，应将"立德树人"作为大学生实现自我、不断发展、点燃希望和梦想的价值导向；同时"立德树人"也是大学生创新创业教育得以顺利开展，教育目标能够实现的根本保障。"立德树人"同样也是使大学生能够在不断变化的社会中勇往直前、不言放弃的思想堡垒。它使得大学生能够在困难重重的创业道路上，坚定自己想创业的心，朝自己的理想不断迈进。可以这么讲，"立德树人"的思想政治教育功能作用体现在创新创业教育的各个方面，能够让大学生从确立目标到实现价值都有指导思想来保驾护航，确保大学生在创新创业过程中不偏离航向。

(二) 育人规范

在开展各种形式的教育时，都应该有一定的规范来约束不正确的行为。而在创新创业教育中，"立德树人"就可以规范用于创新创业的行为，作为"规矩"去纠正学生在认识创业、开展创业和实施创业时所产生的错误行为，从而保障学生走上正确的创业路，坚守道德底线，从而展现出社会认可的道德风尚。因此，要实施将"立德树人"融入创新创业教育的发展战略，从而营造良好的创新创业氛围，变被动就业为主动创业，变摇摆不定为意志坚定。

(三) 思想提升

新时代对大学生提出了新的要求，要求他们在具备通识知识的前提下，顺应时代发展，不断提高自己的文化素养。在这个过程中，"立德树人"的指引，可以帮助大学生走出困境、摆脱迷茫，坚定自己的发展目标并为之奋斗。而在创新创业教育中，"立德树人"同样也有类似作用，能够帮助大学生树立正确的创新创业精神和价值观，坚定不移地迈向自己的创新创业目标，使自己能适应不断发展和变化的社会需求，并在这个过程中，不断挖掘自己的潜力、展现自己的才能、汲取好的经验，从而实现人生价值。

第三节　将"立德树人"融入创新创业教育生态系统

一、"立德树人"引领"生产者"

（一）优化顶层设计，制定创新创业教育改革发展规划

为保障各高校创新创业教育工作和创新型人才培养的顺利进行，各地政府应该根据地方高校的实际情况制定相关的扶持政策。以大学生创新创业基地为依托，组成以政府、校领导为首的创新创业基地管理小组，形成分级联动、齐抓共管的协作格局。学校也可根据自身的情况出台大学生创新创业工作实施意见，目的是通过各种奖励办法来鼓励有意愿创业的大学生投身到创新创业工作当中去。"立德树人"从顶层设计出发，为创新创业实践的开展提供"靠山"，从而明确各责任主体的工作职责。

（二）创新人才培养模式，推动双创教育稳健发展

创新创业教育稳健发展的具体表现如下。

1. 地方上的优势产业同创新创业协同共进

区域产业往往呈现出产业集群的现象，这些产业共同构成了一个资源信息共通、技术共享、优势互补的社会网络关系。要发展区域性创新企业，需要以产业转型为核心，依托社区这一平台，打造特色产业，提高创新创业与区域产业的融合度和匹配度，以区域产业的发展模式为高校创新创业实践教学提供借鉴和指导，通过创新创业教育实现区域产业的蓬勃发展。

2. 培养应用型人才，满足市场需求

创新创业人才培养模式充分整合了多个符合行业发展需求的新型人才培养方案，强调素质能力的培养，促进校企合作的多渠道实施，为大学生提供项目实习模式以及准员工实习模式，以创新创业教育应用为导向，实现人才培养模式的改革创新。

3. "五维一体"教育模式推动人才培养培育

高校可针对有创业意向的学生开设"五维一体"的创新创业专业课程和实践课程，推动创新创业人才的培育。所谓的"五维"是指创业意识、创业知识、

创业能力、创业文化及创业法则。

4. "互联网+教学"线上线下双驱动

在线上,利用互联网平台拓宽创新创业教学途径,为学生提供更多的创新创业信息和政策新闻,以及开设丰富的线上课堂;在线下,通过优秀教师将创新创业知识传授给广大学生群体,从而线上线下教育相结合,深化创业项目品牌培育,为创业团队提供多元化、全方位的教育指导和创业辅导。

(三)开展创业实践训练,提升大学生创新创业能力

1. 构建培训体系

最近几年,随着国家相关人才培养政策的颁布,多数高校将自身教育教学改革的逻辑起点定位在学生的职业素质和能力培养上,构建了"应用驱动、职业领导、协同培训"的整体人才培养体系,也对不同专业创新创业教育的开展提出了要求,即要结合自身专业特色开展与专业背景挂钩的创新创业教育,并根据学生的特长向其提供定制化培训服务,从而拓展学生的就业渠道。

2. 专业教学实践同创新创业实践相结合

将创新创业实践同自身专业实践相结合,更能发

挥学生自身所长，有利于其充分利用专业知识开展创新创业。这就对创新创业教育平台提出了要求，需要学校广泛搭建实训基地，实现教学资源和实验资源的相互利用和共享。

二、"立德树人"引领"消费者"

（一）增强保护意识

"立德树人"为创新创业教育增加了诚信和法制的教学内容，要求学生发扬和传承法治精神，学会在创新创业过程中，在遵纪守法的前提下，用法律的武器来武装自己，维护自己的权益，并自觉地遵守市场运行规律，履行社会公约，以"契约精神"严格要求自己，在明确自己的责任和权利的基础上做好创业。

（二）发挥自身优势

"立德树人"里的理想信念教育，引导大学生清晰认识自身的优势和劣势，使学生学会扬长避短。同时鼓励学生不管是在学校还是社会，都把实现中国梦作为创新创业的驱动力，肩负自己的历史使命，为社会和国家的发展贡献力量。

（三）提高道德修养水平

"立德树人"也包含职业道德教育的内容，努力激发学生对创新和创业的热情。在创新和创业教育中，我们不仅要教大学生如何赚钱，还要将社会教育和公民教育纳入其中；我们应该关注学生是否具有创新和创业意识，是否能够运用创新和创业思维来思考和解决问题，以及他们是否具有企业家精神和社会主义核心价值观。

对于高校而言，应该抓住机遇，通过整合来自校内外的资源为学生提供创业支持，充分调动学生的创新创业热情，发挥学生的主体作用。同时，不断增强学生的自学能力、创新能力和创业能力，并在此基础上增加社会实践机会，使学生能将所学理论知识用于实际。

1. 强化价值导向，形成正确的创新创业价值观

企业家精神的价值不是与生俱来的，而是在学习和实践的过程中形成的。因此，高校应注重技能培养，应该在学生群体中鼓励和倡导社会主义核心价值观；另外，应敦促他们理性地看待创业，要有勇气面对创业过程中可能遭遇到的各种辛酸和失败。

2. 注重创新创业实践育人，感受创业

高校可以通过开展实践育人活动，帮助学生将创业热情付诸行动，使学生在创业动机的驱使下参与创

业活动。同时，高校要学会利用互联网平台，线上线下共同开展创新创业理论宣讲、创新创业价值观教育。目前各高等院校都在积极探索顺应时代发展的创新创业教育方式，比如利用学生喜欢的"两微一端"平台宣传励志创业故事。

3. 将红色资源纳入实践

实践是践行社会主义核心价值观的最佳形式，能实现课堂学习与实践教育的紧密结合，同时将社会主义核心价值观内化于心、外化于行。将红色资源纳入实践的最佳方式，是以高校为依托，积极组织学生参与社会实践，实践的地点最好选在具有纪念价值和意义，同时又能感染学生群体的红色革命根据地。

参观历史文物、观看影像资料等，有利于激发大学生的家国情怀和爱国主义精神，同时激发他们的斗志。另外，还可以组织实践活动，让学生通过实践体验来切身感受时代的艰辛，从而感恩当下，珍惜所拥有的一切。实践结束后要求学生写实践总结，将自己的所看、所闻、所想总结在实践报告中，在红色资源中学习与成长，用革命事迹激励自己不断勇敢前行，并且学会以社会主义核心价值观为载体，以社会实践活动为契机，将感性认识转化为理性的认识。

三、"立德树人"作用于"分解者"

（一）提"质"，完善课程体系建设

高校要不断创新课堂教学方法，例如实例启发法、案例分析法、群体竞赛法和社会调查法等，注重创业实践活动的指导，注重培养善于创新、勇于创新的人才。此外，创新创业教育课程体系应分为创业基础课程、创业促进课程和创业实践课程三类，根据不同的需求和年级，提供相应的必修课和选修课，并将其纳入学分管理，以提高学生学习的自主性和选择性，激发和引导学生的创新创业意识。

（二）促"效"，搭建多元化实践平台

首先，应该充分整合学校内的资源，依托专业建设，实现实验教学资源的共建，为创业型学生开辟成熟的实验室；建立校园实习基地，如本科生创业园区、本科生创业协会和本科生科技园区，为学生提供空间、资金和专业知识方面的支持，鼓励学生创新、创业。

其次，应加强社会实践的组织，通过暑假三农问题社会调查、农村文化礼堂建设、岗位培训、夏令营和志愿服务等实践活动，帮助学生找到创业机会。

最后，鼓励有创业意向的学生在学习的同时在校友企业实习，进行有价值的创业实践。

（三）塑"风"，营造良好校园文化氛围

只有在良好的校园文化烘托下，高校思想政治教育才能有效发挥育人功能，高校应注重通过班级会议、联赛活动、派对讲座、联盟班等主题教育活动开展创新创业教育，通过校园网、宣传栏、微博微信、校报栏、广播电台等载体，让学生更广泛地接触创新创业。对于低年级学生，应该主要进行宣传和普及；对于高年级有创业意向的学生，可以鼓励他们申请加入创业学院，参加创业推广课程和实践团队建设活动。

（四）优"师"，配齐建强师资队伍

首先，要对学校现有课程资源和师资资源进行充分利用，并对有创新创业意愿的教师进行教学方法培训，培训的形式包括集中培训、外出指导、在职培训等，激励教师进行创新创业实践，并将自己学习到的实践理念和技能传授给学生，引导学生进行创新创业。

其次，建立兼职创新创业教师团队。"兼职队伍"可由企业家、创业校友和专家学者构成。他们以开设讲座和培训的形式分享自身经验；或者直接参与高校人才培养的一线教育和教学，形成学校内外合作培养的良好局面。

再次，制定多渠道的创新创业职业发展方向，完善创新创业职业发展路径，明确专业技术岗位招聘的标准和具体要求，保障创新创业型教师的可持续发展。

最后，充分发挥辅导员的管理力量。辅导员是与学生接触最为频繁的一类人，也最可能成为创新创业教育的直接推动者。学校应该组织辅导员有计划地学习创新创业的知识，成为创新创业教育的"前线人员"。

四、"立德树人"协同内外部环境

（一）将社会主义核心价值观体系融入大学生思想政治教育的全过程

在以人为核心的国际竞争日趋激烈的背景下，大学生思想政治教育面临很多新情况、新问题。如何弘扬主旋律，广泛深入地进行社会主义核心价值体系教育，使广大青年学生牢固树立共同理想，是我们必须思考的问题。

把大学生培养成党和国家需要的合格人才,是高校的神圣使命,具有重大而深远的意义。大学生的思想道德素质、科学文化素质和健康素质如何,关系到未来中国特色社会主义事业的兴衰成败,关系到全面建设小康社会和中华民族伟大复兴的进程。

社会主义核心价值体系为高校校园文化健康发展提供了思想保证。新形势下,必须认真研究和探索在校园文化建设中,将社会主义核心价值体系基本内容融入大学生思想政治教育的方式、方法、手段和途径,使社会主义核心价值体系为学生所感知、熟知、认同和接受,最大限度地引导学生在各种纷繁复杂的社会思潮中分清是非,树立正确的人生观、世界观和价值观,这样才能保证他们顺利走上社会、完善道德人格和实现人生价值。

(二)传递正能量,塑造大学生健康的人格

互联网信息技术的快速发展,加速了创新创业理念和意识的形成,在此过程中,我们应该把重点放在文化与信息的碰撞上,并且将这种碰撞同市场经济的发展结合起来。高校思想政治工作要注重传递正能量,引导他们以就业为短期目标,开辟创业渠道,提高个人能力,增强个人荣辱观和道德判断力。

(三) 抓师德师风，建设高素质的教师队伍

习近平总书记在全国高校思想政治工作会议上指出，高校立身之本在于"立德树人"，并强调要加强师德师风建设。党的十九大报告指出，应加强师德师风建设，培养高素质教师队伍。在新时代，"立德树人"就是要求教育要坚定不移地指向培养中国特色社会主义合格建设者和接班人的根本任务。教育大计、教师为本，教师要责无旁贷地成为落实立德树人根本任务的责任主体和实施主体。抓好师德师风建设是打造高素质教师队伍的内在要求和重要保证，是确保教师"为谁培养人"的前提和基础，更是保证教师自觉践行"立德树人"根本任务的关键。

党的十九大报告还指出，建设教育强国是中华民族伟大复兴的基础工程，必须把教育事业放在优先位置。教师肩负着推进建设教育强国的重任，新时代的教育信仰要求教师必须以培养担当民族复兴大任的时代新人为着眼点，牢固树立中国特色社会主义共同理想，带头践行社会主义核心价值观，不断将立德树人、教书育人的责任感与使命感内化于心、外化于行；坚持"四个统一"，为莘莘学子把好人生的"总开关"，扣好人生的第一颗"扣子"，为实现大学生的

青春梦与中国梦贡献智慧与力量。

第四节　反馈过程：创新创业教育生态系统的循环发展

一、企业参与下的连接协作模式发展

（一）校企合作建设创业学院，提高创新创业教育能力

从教育生态学的角度来看，企业发展的根本动力在于人力资源的储备，而高校创业学院的功能目标在于培养高素质专创合一的技术技能人才，二者有合作的基础，因此有助于激活专创合一的教育生态环境。通过共建创业学院，院校与企业基于相互理解、互惠共赢全方位合作，一方面能够为大学生提供丰富的教育教学内容、手段与方法，促成大学生创业实战经验的养成，使得大学生的创新创业能力更接"地气"；另一方面，从院校角度来看，我国经济的深入发展必然要求学校寻求企业资源的支持，而从企业的角度来

看,企业管理文化的前置有利于企业吸引更多了解企业所需、有高技能水平的人才,乘势推动企业的"二次创业"。

由此看来,校企合作建设创业学院,一方面能够形成合力,提高创新创业教育人才培养的质量;另一方面够促进院校与企业提高各自的价值,进一步夯实校企合作基础。更为重要的是,校企共建创业学院很好地承继了高校"校企合作、工学结合"的办学思路,整合形成人才培养、人才输出和资源反哺的闭环系统。

(二)校企合作运营众创空间,提高创新创业教育服务能力

大学生众创空间是在知识社会不断创新,互联网及其应用深入校园的背景下,通过市场化、专业化和资本化途径互动而生的具有低成本、便利化、全要素、开放式特征的高校创新创业服务平台。

2017年,我国政府工作的总体要求明确提出要持续推进"大众创业、万众创新",提供便捷多样的众创空间和服务平台,让所有有意愿、有能力创业创新的人都有机会施展才华、创造价值。校企合作运营大学生众创空间的关键在于着力发挥政校企社四方联

动的整合与集成效应，实现创新与创业相结合、线上与线下相结合、投资与孵化相结合，在最大程度上为大学生提供良好的工作空间、网络空间、社交空间和资源共享空间，完善"一站式"的创业孵化服务，破解大学生创业有成的"最后一公里"困局。在服务形式上，大学生众创空间可以采取多样化集成的办法，比如与社会力量联合举办创业沙龙、创业大讲堂、创业训练营等；充分利用校友资源，汇聚不同领域杰出校友建立"同创联盟"；通过与风投机构合作，对接投融资平台，帮扶大学生创新创业；等等。

（三）校企合作举办创业竞赛，提高创新创业教育辐射能力

以不同目标为导向开展创业竞赛是高等院校辨析大学生创业意愿，遴选优秀种子项目的重要手段。同时，也是形成大学生创业项目孵化、学校创新创业教育质量提升、行业企业创业资源投入互动整合的重要途径。"高校自发、市场导向"的办赛理念决定了高校举办创业竞赛需要通过广泛的校企合作解析不同类型的创业意愿，依据市场机制营造创业竞赛情境，根据企业要求设计创业竞赛流程，依托业界评委制定创业竞赛规则，在选拔优秀创业点子的同时对项目加以

扶持与孵化，从而扩大创新创业知识与创意点子的覆盖面，带动创业营销与创业模拟的辐射面，拓展创业实践与实战的成果面。这样才能积极发挥校企合作共同办赛的载体功能，切实推进高校院校创新创业教育系统资源的互动与整合。

二、高校主体下的创新创业教育模式发展

创业是具有较高环境敏感度的社会行为，成功创业需要有结构完整、功能完善的创业生态系统做保障。创业的这一突出特征客观地决定了创业教育是一项系统工程，需要多方面因素对其进行系统支持，它的建设就如同一个良性循环的生态系统的创建。国内高校的创新创业教育起步较晚，与国外高校相比，在教育理念、教育模式、教育环境和制度保障等方面都存在一定差距，高校创新创业教育的生态系统尚未完全形成，创业教育的深入发展仍有赖自上而下、由内而外的全方位优化改革。

基于此，应从"内合""外联"两个角度着手，结合我国创业教育发展现状及趋势，深入分析"内部整合""外部联合"的构建过程，在遵循教育规律的前提下完成高校主导型创业教育生态系统的理想模型

的构建与运行。

(一)"内部整合"的构建过程

高校作为创新创业教育资源的聚集地,在开展大学生创新创业教育过程中居于主导地位。但是,由于我国现有的创新创业教育总体规划仍不完善,高校管理者的资源整合意识还有待提高。各项创新创业教育资源常常出现闲置、分散或低效使用的现象,导致内外部创新创业教育资源难以集中到创业教育体系中发挥其应有的功效和作用,也就难以产生强大的创业教育合力来为高校创业教育发展服务。"内部整合"作为高校主导型创新创业教育生态系统理想模型的重要内容,其核心目标就是充分挖掘校内外可利用资源,并对不同来源、不同层次、不同内容的创新创业教育资源进行优化重组、合理配置,进而为大学生创业教育工作的开展提供资源支持和制度保障。总体而言,创业教育资源的"内部整合"是一个复杂的动态过程。

1. 成立由校长负责的管理机构,统筹校内资源,协同开展创新创业教育

《中华人民共和国高等教育法》明确规定,国家举办的高等学校实行中国共产党高等学校基层委员会

领导下的校长负责制。承担高校的教育教学、科学研究和行政管理工作，是校长作为高校的法定代表人应尽的职责。《国务院办公厅关于深化高等学校创新创业教育改革的实施意见》也指出，在开展大学生创新创业教育的过程中，各高校必须严格明确责任归属，落实责任主体，并要求各高校成立以校长为负责人的创新创业教育工作领导小组，由分管校领导担任副组长，并倡导建立教务处牵头，学生工作部、校团委等相关部门齐抓共管的创新创业教育工作机制。校长作为高校的核心领导者与决策者，应在高校创业教育事业发展中担任领导指挥者。

在大学生创新创业教育的领导管理机构设置方面，国内部分高校的实践经验为本研究提供了参考，例如，清华大学成立了以校长为组长，以主管教务工作和学生工作的校级党政领导为副组长的领导小组，由教务处牵头，协同各工作组开展相应的创新创业教育工作。东北大学成立了由校长任组长的大学生创新创业领导小组，并充分发挥校团委、教务处、学生处、人事处、财务处、资产处、科技处、产业集团等部门在创新创业教育活动中的辅助作用。上海对外经贸大学组建了由校长和书记主抓的创新创业教育领导工作小组，形成了跨部门、跨学院的组织架构，其中以课堂教育为主的第一课堂的创新创业教育由教学副校长分管，教务处和各二级学院参与，学位后培训基地负责实施；以课外实践活动为主的第二课堂的创新创业教育由负责学生工作的副书记兼副校长分管，学生处和团委负责实施。华东理工大学则成立了由教学副校长和党委副书记担任组长，由来自教学管理、理论研究、科研、产业、国际交流与合作等多个部门的负责人为成员的创业教育示范区领导小组，并设立了华东理工大学创业教育研究中心。

2. 培育微观层面的各个组成要素，提升创业教育的质量

《教育部关于大力推进高等学校创新创业教育和大学生自主创业工作的意见》明确提出，创新创业教育作为一种新的教学理念与模式，是适应经济社会和国家发展战略而产生的。在高等学校中大力推进创新创业，深化教育教学改革，提高人才培养质量具有重大的现实意义和长远的战略意义。提升高校大学生创新创业教育质量，用全面、发展的眼光看问题，不仅要重视创新创业教育核心管理机构的构建，还应高度重视微观层面的各个组成要素的培育工作，主要是课

程体系、师资队伍、实践平台、专项资金、硬件设施五个方面的内容。

3. 促进创业项目、创业竞赛、产学研等创业活动与创业教育的有机融合

（1）积极开发优质创业项目，提高大学生就业创业教育的具体工作实效。

创业项目是创新创业教育的基础，积极开发优质创业项目是培育大学生创业实践能力，增强大学生创新创业教育工作实效的重要途径。因此，高校应充分认识创业项目在大学生创新创业教育中的重要意义，始终坚持以创业项目为根基，让创新创业教育连接校园与社会，融合教学与实践，优化大学生参与创业教育活动的实践载体，引导大学生创新创业教育实践逐步由模拟走向真实，丰富大学生参与创新创业活动的实践经验，从而提高大学生的创新创业素质与能力。但是，目前的创新创业项目多存在浅表、虚拟、宽泛等质量不高的问题，且项目之间多缺乏关联，在很大程度上影响了创新创业教育的成效。就当前大学生创业项目来源这一问题，国内有学者在对大学生就业创业的现实情况进行调查分析后，将其概括为以下三个方面，即实验及研究成果、创业计划大赛、市场

机会。

　　由此可见，优质创业项目的发掘，不仅要依靠高校自身，同时也不可忽视企业、社会等外部力量。因此，高校在开展创新创业教育实践过程中要坚持挖掘本校教学特长及特点，并广泛调动校内外资金、技术、场地及导师资源，为学生开展创新创业项目实验及研究提供保障。同时也要大力依托校企联盟合作教育平台，邀请成功创业者、创业指导专家等到校内举办创业文化沙龙、企业家讲座等活动，借助校园网、报纸、校园广播等媒介加大与创新创业教育相关的政策宣传，提高学生对创新创业的认知水平，帮助学生近距离了解创新创业发展趋势，把握市场实际需求。例如，宁夏大学农学院在深化创业教育改革过程中结合自身专业特长及地理区域位置，积极联合国际劳工组织高级创业培训师进校宣传绿色创业项目，并邀请优秀应届大学生、就业服务机构负责人和创新创业教育教师等参加创业项目培训研讨班。

　　此外，高校还可鼓励大学生前往校外实践基地和创新创业基地参与创业实践、创新项目训练等活动，并从创新创业项目的选择、实施、总结等多个方面给予学生充分的指导，提升创新创业项目的质量和项目孵化的可行性，进而推动高校大学生就业创业教育的发展。

（2）大力发展创业竞赛，促进创新创业教育与专业教育在实践领域的有机结合。

创业竞赛产生于20世纪80年代的美国高校，并在短时间内迅速风靡全球。创业竞赛是以推动成果转化为目标的活动项目，是激发大学生创业热情和创业精神的有力武器，是检验大学生创业水平的重要方法。有学者指出，创业竞赛在创业教育实践环节具有以下三个显著特点：一是能够在短时间内迅速吸引高校教师、学生以及校友等创业主体的关注与积极参与，二是能有效吸收高质量科研成果、大量资金以及专业服务等校内外资源，三是可以在短期内烘托良好的创业氛围。此外，各类创业竞赛活动还促成了若干创业成果的产生，对经济社会产生了积极作用，同时也进一步从实践层面提升了大学生的创业能力，进而推动了创新创业教育实践的发展。

由于创业竞赛自身的优势，以及国内创新创业教育环境的日益发展，近年来国内各大高校广泛兴起了各种形式的创业竞赛，创业竞赛逐渐成为高校大学生参与创新创业教育实践活动、提升就业创业实践能力的重要途径。《教育部 财政部关于"十二五"期间实施"高等学校本科教学质量与教学改革工程"的意见》(教高〔2011〕6号)着重强调了要在国家"十二五"规划期间实施面向全体本科院校学生的国家级大学生创新创业训练计划,并将该计划的内容细分为创新训练项目、创业训练项目和创业实践项目三大类。从以"挑战杯"中国大学生创业计划竞赛为代表的国家级大学生创业竞赛到地方各省市自行筹备的各类创业竞赛,都显示出目前国内创业竞赛的网络格局已经初步形成。但由于我国高校创业竞赛起步较晚,创业竞赛目标定位不准确、竞赛项目形式单一重复、多以一次性评奖为结点、与市场需求接轨程度不高、竞赛观念功利化等问题在当前国内各大创业教育竞赛活动中普遍存在,使创业竞赛的实际效果大打折扣,加强创业竞赛改革已是题中应有之义。

因此,高校在举办创业竞赛活动时,首要任务就是要从顶层设计出发,找准创业竞赛活动定位。高校应清晰认识到创业竞赛并非一次性活动,而是高校大学生创新创业教育的重要组成部分,创业竞赛与创新创业教育的理论研究及实践教学环节是紧密联系、互促互惠的关系。在推进大学生创新创业教育的过程中，需不断梳理学生活动的脉络及特点，举办多层次、多学科、多形式的竞赛，深化教学内容和课程体系改革，以创业竞赛促进创新创业教育，以教育教学带动竞赛热潮，真正实现创新创业教育与专业教育两大教学活动在实践领域的有机结合，切实提高高校大学生的理论知识水平、创业认知程度、实践创业经验和团队合作能力。

此外，高校主导型创新创业教育生态系统中的教师、学生、企业、政府等创业竞赛主体应加强联系与合作，全面参与创业竞赛的赛事准备、过程管理、竞赛总结等多个环节，使创业竞赛的育人功能得到充分的发挥，并把好竞赛成果转化这一出口关，提高创业竞赛的实际产出效果，进一步提升高校大学生创新创业教育的质量和水平。

（二）"外部联合"的构建过程

高校创新创业教育不是应景之作，而是一个长期化、系统化的过程。构建高校主导型创新创业教育生态系统理想模型的目标，仅靠高校一己之力难以实现，需要高校在推进"内部整合"的同时加强"外部联合"，充分发挥企业、政府等主体的联动效应。构建"外部联合"，其实就是要协同政府环境，建立校企合作联盟，联合校友和行业联盟组织等外部力量，最大限度地挖掘校外资源的潜力，构建资源共享、有机融合的组织机构和运行机制，为高校大学生创新创业教育事业的发展提供资金支持、智力支撑、实践平台和制度保障。

1. 积极构建创新资源

政府在高校主导型创新创业教育生态系统中扮演着管理者、参与者和资金支持者等多重角色，是高校大学生创新创业教育更好更快发展的强大推动力量。协同政府环境，构建创新资源充分共享、有机融合、高效利用的组织机构和运行机制，是加强"外部联合"，构建高校主导型创新创业教育生态系统的重要措施。

在协同政府环境这一方面，欧盟国家的许多经验值得我国借鉴。2000年，芬兰教育部提出"创业先锋计划"，并迅速得到芬兰国内高等院校的纷纷响应，许多高校都将创业教育视为学校核心课程和特定课程的重要组成部分，借助政府提供的财政支持，不断优化高校创业学习环境，强化创业教育学的研究工作，并启用政府设立的就业岗位，为创业教育的实践提供良好的平台，极大地促进了芬兰高校创业教育事业的发展。英国高校则充分借助政府设立的高等教育创新基金、科学创业挑战基金、新创业奖学金等多种基金来资助校内师生开展创新创业活动，充分发挥了政府在推进大学生创新创业教育中的积极作用。

近年来，在严峻的就业形势以及建立创新型国家战略的指引下，我国相继出台《教育部关于大力推进高等学校创新创业教育和大学生自主创业工作的意见》《国家中长期教育改革和发展规划纲要（2010—2020年）》《普通本科学校创业教育教学基本要求（试行）》《国务院办公厅关于深化高等学校创新创业教育改革的实施意见》等文件，并成立了高校创新创业教育指导委员会，指导各高校开展创新创业教育理论研究与实践工作，逐步推动高校创新创业教育向科学化、制度化、规范化方向发展。

此外，中央及地方各级政府积极发挥政府职能，通过税收优惠、资金支持、专家指导、创业能力培训、非正规就业孵化器等促进大学生创新创业的发展。例如广西、北京、上海、福建、贵州、内蒙古等地结合地区发展实际情况，纷纷出台了高校大学生创新创业教育改革方案，支持实施和健全弹性学制，鼓励大学生延长学习年限或采取休学的形式去投入创业活动。这些举措极大地激发了大学生的创新创业热情，同时也为大学生创新创业提供了坚实的制度保障。

鉴于此，高校作为创新创业人才培养的基地，应在高校主导型创新创业教育生态系统中加强与相关政府部门的沟通与联系，充分把握创新创业教育的政策大环境，认真领会政府创新创业教育相关政策的意义，利用政府提供的资源来发展高校大学生创新创业教育，增强在具体操作层面的执行力，确保各项与创新创业教育相关的政策在实施过程中得到有效落实，全面发挥政府、社会等外部力量对大学生创新创业教育的支持作用，建立高校、政府与社会"三位一体"的大学生创新创业教育生态系统，共同形成开放的、多方互动的创新创业教育体系。

2. 建立校企合作联盟，共同推动创业教育

创新创业教育是一项系统工程，它的活动领域从校园延伸到社会。在开展大学生创新创业教育方面，高校需要诸多教育资源来进行专业的课程体系建设、师资队伍构建、创业项目设计，同时在校内开展多形式、多层次的创业竞赛，为大学生打造多样化、全方位的创新创业实践平台，进而提高高校大学生的创新

创业教育质量与水平。这些目标，单是依靠高校自身，难以得到实现，而有赖于综合运用各种社会资源构建的创新创业教育支持体系。校企协同作为高校培养创新型人才的一种新型人才培养模式，是校企双方各为独立主体，基于各自或共同的目标需求指向而进行的信息、知识、资源及行为的合作活动。

近年来，随着创新创业教育的延伸发展，校企协同人才培养模式越来越受到高校、企业、政府乃至整个社会的重视，成为提升高校大学生创新创业能力的重要途径。与高校相比，企业作为产学研合作主体之一，在支持大学生创业教育方面具有资金充足、设备优良、基地众多、市场敏锐度高等显著优势。由此可见，建立校企合作联盟是推动创新创业教育进一步发展的现实需求和可行性对策。它有利于实现二者的优势互补和资源共享，是培养高质量创新创业人才，深化高等教育改革创新的重要举措。

三、以能力为导向的创新创业教育模式发展

当前，高校创新创业教育在教育理念、学科支撑、教育模式等方面存在不断深化改革的趋向，且多

以教学体系改革为核心。因此,应围绕高校创新创业教育教学体系改革的中心环节,不断借鉴已有成果、不断深化机制创新,形成可供推广的高校创新创业教育教学模式。

能力导向一体化教学体系是合肥工业大学基于CDIO模式、卓越工程师计划不断探索并已逐步推广的一种教学体系,是建立在与培养目标一致的基础上,通过测评检验教学成果来不断改进教学方式、提高教学水平和质量,从而形成的可检测、可控制的闭环教学体系。它是学科教学与工程项目实践相契合,集系统化的理论知识与科学化的项目实践于一体的教学模式。

高校创新创业教育可以采用能力导向一体化教学模式,并且通过吸收能力导向一体化教学模式在教育理念、目标设定、课程体系、师资标准、改进机制等方面的有益探索,进一步优化创新创业教育教学的体制机制。

课程建设是以能力为导向的创新创业教育教学体系的核心和重点。目前大多数高校本科的创新创业教育课程体系集中在通识教育部分,未将创新创业作为一门具备能力导向的项目化、专业化教育体系。国内也有高校，如中国人民大学，以创业学院为载体，将创新创业教育分为面向全体学生的"普及教育"、面向有创业意向学生的"系统教育"、面向有创业目标的学生的"重点教育"以及面向创业实践学生的"实践教育"四个层次，打造"基础课程—选修课程—核心课程—实践课程"相衔接的课程体系，值得借鉴和肯定。

第五章

"立德树人"引领创新创业教育的保障体系

目前，在国家号召"大众创业，万众创新"的背景下，我国的创新创业快速发展，创新创业正从一种经济现象逐渐转变为一种思想的解放和价值取向的改变。我国的创业类型分为生存型创业和发展型创业两种，创业企业的数量在逐年增加，科技企业孵化器和创业公司融资额度以及众创空间数量等也在不断增加。其中，优客工场是我国最具影响力的众创空间之一，创业主力军主要是大学生，也有以前从事科学研究的人员。

从生态系统的视角分析创新创业教育生态系统的构建，寻找其中内、外作用因子的运作机制，对于我国目前正在推进的创新创业教育改革和创新创业生态系统的构建，具有一定的启发意义。

第一节 政府：建立创业保障机制

政府虽然出台了许多有助于创新创业发展的政策，但这些政策多缺乏具体的实施细节，对准备创办实业的人员、高校的资金问题、税收问题等现实情况关注不够，导致了创业资源的有限性和社会创业需求的多元性之间的矛盾。因此，政府要建立创新创业保障机制，引导、扶持创新创业教育，整合社会资源，实现多方联动协作，为创新创业企业、高校创造良好的创新环境。

一、出台创新创业教育鼓励政策，有效形成正向激励机制

围绕职称评定、职务晋升等设计针对创新创业教育管理、教师、研究人员等的激励政策，围绕学分、奖学金、荣誉等设计针对参与创新创业教育课程的学生的激励政策。通过对创新创业教育生态系统中生产者与消费者的共同激励，增强创新创业教育供给侧的供给能力和需求侧的需求欲望，使供需两侧形成合力，形成创新创业教育生态系统供需两端协同推进的良好态势。

二、加强创新创业教育环境监测，动态把握教育环境状况

创新创业教育贯穿人才培养全过程，是一个长期持续的工作。在这一过程中，学校应当制定针对物质

层面和精神层面的环境监测机制，建立专门的创新创业教育环境监测队伍，通过实地考察、问卷调研、师生访谈等有效途径，动态把握各个层面环境的变化情况，并根据这些变化制定应对方案，及时反馈至学校创新创业教育管理及教学机构，确保创新创业教育环境始终处于有利于教学活动开展的状态。创新创业教育环境的监测工作必须既包含物质层面的环境监测，也包括精神层面的环境监测。物质层面环境的监测应依托实地调研的量化评估，精神层面环境的监测应依托问卷调研的量化评估和师生访谈的质化评估。

三、做好创新创业教育资源分配，理性规划环境建设投入

在创新创业教育资源分配过程中，应避免盲目投入。要做好顶层设计，科学评估物质层面环境建设和精神层面环境建设的实际需求，做好资源投入的理性规划，防止出现资源投入过程中的投入冗余或投入规模不匹配等问题，注重创新创业教育环境的整体良性发展。

在对创新创业教育资源分配的管理过程中，要建立资源分配的事前规划、事中调整、事后评估等多个

层面的保障机制。事前规划的重点是做好投入预估及资源使用预算。事中调整的重点是依托资源投入规模测算及物质层面、精神层面投入匹配情况监测等实际情况，调整后续资源分配计划。事后评估的重点是通过数据网络分析法等对创新创业教育物质层面及精神层面环境建设的投入资源与产出成果进行有效性分析与评估。

四、推动创新创业教育研究工作，准确预判教育环境风险

相对其他教育类型而言，创新创业教育是一门新兴课程，我国对创新创业教育的研究尚不够深入。因此，应加强创新创业教育研究，进一步了解创新创业教育生态系统中影响创新创业教育生产者及消费者的敏感因子，研究分析这些敏感因子对创新创业教育生产者及消费者的作用机制，进而准确预判创新创业教育环境中对教育成效有较大影响的风险环节，并有针对性地对其进行合理控制与防范，打造针对创新创业教育环境构建的专门智库。

推动创新创业教育研究工作可通过课题招标和成果考核两个途径来实现。课题招标就是结合学校创新

创业教育实际情况以及创新创业教育发展趋势等设计研究课题，面向全校相关领域教师进行公开课题招标，主动为教师提供进行创新创业教育环境风险等领域研究的资源与载体；成果考核主要是针对创新创业教育相关领域的管理及教学人员进行的创新创业教育环境方面的研究成果考核，引导管理及教学人员关注创新创业教育整体环境。

第二节　风险投资：保障创业实践资金来源

针对创新创业项目高收益和高风险并存的鲜明特点，风险投资机制应运而生。风险投资是创新创业活动的重要资金来源，是我国科技创新体系的重要组成部分，也是资本市场的重要组成部分。

风险投资作为一种金融产品，有力地支撑了协同创新，加快企业转向创新集群。其以绝对盈利为目标，致力于创新创业项目的评价并提供持久、集中的资金支持，有力地推进了创新从"创意"到抢占市场的跃进，如惠普、微软等公司的发展，就得益于风险投资的支持。

风险投资在我国出现的时间不长，这就决定了在风险投资的发展中，政府要发挥重要的支持和推动作用，以公共风险投资完善风险资本投资，并加强对资金的引导。

一、风险投资在创新创业项目上的选择失灵

这主要表现为投资后移，即风险投资机构更倾向于选择创新的下游阶段，而在种子期和开发期的上游阶段，由于距离规模化生产较远，风险投资不愿介入。因此，国家的政策工具必须弥补风险报告的不足，增加创新创业项目上游级阶段的投资，即财政资金要成为社会创新创业项目投资的"种子资金"和"杠杆资金"。

二、债权融资和股权融资是创新创业项目资金的重要来源

资本市场的规模歧视就是对上市股本有规模上的要求，这就决定了小企业必然会被排除在股票市场之

外。生产规模大、商品化程度高的项目，容易得到风险投资机构的青睐，但这就使小型创新项目成为投资空白。这需要政府以税式支出来激励社会资本投向小型创新项目。

我国的企业和高校学生在进行创新创业的过程中，资金问题常常会成为一个瓶颈。企业会因为资金链的短缺而倒闭，大学生会因为没有启动资金而无法开始创业。因此，我们应多渠道、多方面地寻找资金支持。例如，各地区、各有关部门要整合财政和社会资金，支持高校创新创业活动；各高校应优化经费支出结构，多渠道统筹安排资金，支持创新创业教育教学，资助学生创新创业项目；鼓励社会组织、公益团体、企事业单位和个人设立大学生创业风险基金，以多种形式向自主创业的大学生提供资金支持，有关部门也要加快制定有利于互联网创业的扶持政策，营造以政府为主体、社会各机构广泛参与的融资环境。

第三节　企业：实现生态系统的资源互补和信息流动

企业不是孤立存在的，它是高校创新创业教育实践的重要平台，而高校是企业创新型人才的重要输出地。但我国企业多数没有认识到企业对社会发展有一定的责任和义务。我国企业要在自身的发展中发挥应有的社会功能，拿出资金来支持和帮助新发展的企业，成为高校创新创业教育生态系统的物质输入和人才输出基地，为高校学生解决创业基金、实践指导和实践基地等问题。同时，高校也要为企业解决人才需求和员工培训等问题，实现创新创业教育生态系统的资源互补和信息流动。

以不同目标为导向开展创业竞赛是高校辨析大学生创业意愿、遴选优秀种子项目的重要手段。同时，也是大学生创业项目孵化、学校创新创业教育质量提升、企业创业资源互动整合的重要途径。"高校自发、市场导向"的办赛理念决定了高校举办创业竞赛需要通过广泛的校企合作来解析不同类型的创业意愿，依据市场机制营造创业竞赛情境，根据企业要求设计创业竞赛流程，依托业界评委制定创业竞赛规则，在选拔优秀创业点子的同时对项目加以扶持与孵化，从而扩大创新创业知识与创意点子的覆盖面，形成创业营销与创业模拟的辐射面，拓展创业实践与实战的成果面。只有这样，这样才能积极发挥校企合作共同办赛的载体功能，切实推进高校创新创业教育生态系统资源的互动与整合。

第四节　高校：建立高校创新创业教育生态系统

高校要建立专门的创新创业教育组织机构，统一管理高校内部的创新创业教育，加快内部知识产权等技术转化与转让，努力与政府、地方、社会、企业等共同构建高校创业教育的生态系统。

一、高校应该引导大学生正确认识创新创业

高校创新创业教育的目的不是通过教育学生怎样创业来引导学生在校期间或刚毕业时就自主创业，而是应该通过创新创业知识的传授、创业技能的训练和创新精神的培养，来消除创新创业的神秘感，让学生做好创业知识的储备。创新创业教育要重点引导学生正确认识创业，而不是增强学生的创业倾向；要重点培养学生的创新精神，而不是激发学生的创业热情。

二、高校创新创业教育生态系统的构建策略

我国高校的创新创业教育需要不断改善，以增强创新创业教育的实效，培养众创时代需要的创新型人才。高校需要引入生态系统的观念，树立创新创业教育生态系统的发展观，以高校作为核心生态因子，积极发挥政府、地方、企业等外围生态因子的辅助作用，调动管理、课程、教师等内部因子的积极作用，优化内、外部各因子的资源配置，畅通信息渠道，促进各因子之间的交流与协作，实现高校创新创业教育

生态系统的循环性、开放性、持续性发展。政府要建立高校创新创业教育保障机制，引导、扶持高校的创新创业教育，整合社会资源，实现多方联动协作；企业要发挥应有的社会功能，在自身发展和成长的过程中，拿出部分资金支持新企业或者高校的创新创业教育。高校在为学生解决创业基金、实践指导教师和实践基地等问题的同时，也要为企业解决人才需求和员工培训等问题，实现生态系统的资源互补和信息流动。

另外，高校也要完善创新创业教育整体架构。高校要做好顶层设计，管理者自身要转换理念，注重管理系统的重构，保障在目标定位、课程设计、资金配给、人员分配等方面以创新创业教育为中心，引导创新创业教育健康发展；建立一支高水平的创新创业教师队伍，严把创新创业师资选拔标准；聘请企业家、社会创业人士做高校兼职指导教师，并带领学生深入相关企业学习实践；改变培养模式，将创新创业教育与专业教育深度融合，培养学生的创新意识和创业能力；科学构建创业课程体系，把培养具有创新精神和创业能力的创新型人才作为目标，嵌入创新创业课程体系；建立专门的创新创业教育组织机构，统一管理高校内部的创新创业教育，加快内部知识产权等技术转化与转让，实现高校内部因子与政府、地方、社会、企业等外部因子共同构建高校创新创业教育生态系统。

第五节 内合外联：发挥高校在创新创业教育生态圈中的主体作用

创新驱动战略旨在构建创新资源合理流动体系，推进创新资源的高效配置和要素合成，推进创新要素的协同发展，解决创新资源配置不均、高耗以及成果转化率低的问题。高校作为创新资源的关键要素，具有一定的开放性和包容性，在技术创新、研发创新等方面具有重要作用。同时，高校作为创新创业教育生态圈构建的主体，不仅要注重生态核心圈层的力量整合、优势集中，而且要强化对生态外围圈"搭桥"的联动功能，聚合社会、企业的优势资源，促使创新创业教育生态系统良性循环、可持续发展。因此，高校要通过"内合外联"的组织模式，发挥在创新创业教育生态圈中的核心主体作用。

一、整合校内资源

高校应充分凝练主题，挖掘学科特色优势，整合校内人力、物力、财力以及制度政策资源，增强高校在创新创业教育生态系统核心圈层的"聚合力"；强化创新创业教育理念在教学、实践中的渗透，深入师生群体，将理念化为行动；做好创新创业教育生态系统的顶层设计，使之与学校学科专业特色相匹配，深化创新创业教育改革实践；联通学校组织的内部机构，统一行动，优化结构，共同为创新创业教育活动提供服务和支持，培育具有新时代特色的创新型复合人才。

二、打通外围环境

高校要联通政府、企业以及社会，融入地方社会经济建设发展大潮，提升高校创新创业外围生态圈的"吸聚力"，打破传统的办学模式，带领学生走出实验室和课堂，走入企业与市场，增强对区域社会经济发展的服务功能；革新创新创业教育实践模式，搭建政企、校企、校地等实训、实践平台，发挥学科专业优势，提升学生自主创新的实践能力和素质；整合地方资源优势、科研等，实现学校、政府、社会、企业以及创新个体的多方共赢，推进高校创新创业生态系统的健康运行。

主要参考书目

[1] 本刊编辑部. 透视国外大学治理经验，发展中国特色大学治理体系——访中国人民大学教育学院副院长李立国［J］. 世界教育信息，2019（3）：42-47，63.

[2] 孟兵涛. 高校辅导员在大学生创新创业工作中的作用研究［J］. 文存阅刊，2017（20）：164.

[3] 蔡莉，彭秀青，Satish Nambisan，等. 创业生态系统研究回顾与展望［J］. 吉林大学社会科学学报，2016（1）：5-16.

[4] 曹爱凤. 从"5W"信息传播模式看高校创业教育［J］. 林区教学，2015（6）：16-17.

[5] 陈桂香. 高校、政府、企业联动耦合的创新创业型人才培养机制形成分析——基于三螺旋理论视角［J］. 大学教育科学，2015（1）：42-47.

[6] 陈静. 高校主导型创业教育生态系统构建研究［D］. 长春：东北师范大学，2017.

[7] 陈静. 构建高校创业教育生态系统的若干思考［J］. 思想理论教育，2017（6）：87-92.

[8] 陈明佳. 基于"互联网+"背景下大学生创新创业教育的问题与对策研究［J］. 传播力研究，2018（34）：163-164.

[9] 陈艳.论高职院校"思政课程"与"课程思政"的交互融合[J].思想理论教育导刊,2018(12):110-112.

[10] 陈勇,陈英,赵培江.基于"协同培养"的应用型本科专业校企合作机制研究——以浙江海洋大学化工专业校、企"产学研"合作为例[J].教育现代化,2018(12):4-6.

[11] 陈宇轩,顾鸣镝.以立德树人为本推进高职创新创业教育的整合与互动[J].中国职业技术教育,2017(26):81-84.

[12] 程宝华.应用型本科院校大学生创新创业教育研究——以衢州学院为例[D].济南:山东师范大学,2015.

[13] 程威廉,吕迎春,王永珍,等.我国创业教育政策发展过程、动力及思路研究[J].信阳师范学院学报(哲学社会科学版),2019,39(2):77-81.

[14] "大学创新教育实践研究"课题组.中外创新教育的理论与实践[J].中国青年研究,2004(6):66-79.

[15] 樊云飞,刘全明.河北农业大学深化创新创业

教育改革的思考与实践［J］. 河北农业大学学报（农林教育版），2017（6）：1-4.

［16］范琳，刘敏，李茂林. 国外创新创业发展生态系统的构建与对我国的启示——以以色列创新创业经济发展为例［J］. 北方经济，2018，373（12）：74-77.

［17］范琳. 英国高校创业教育生态系统建设及启示［J］. 教育与职业，2017（12）：41-46.

［18］冯晨静，张子谦，王安. 新时代众创背景下大学生创新创业教育研究［J］. 文化创新比较研究，2019，3（4）：138-139.

［19］贡洁静. 大德育视阈下我国高校创新创业教育的研究［D］. 青岛：中国石油大学，2017.

［20］谷岩. 生态系统发展理论对当前高职创业教育的启示［J］. 中国职业技术教育，2010（24）：52-54，65.

［21］关峻. 复杂生态系统的系统特性［J］. 武汉理工大学学报（信息与管理工程版），2006，28（10）：157-160.

［22］何秀玲. 专业型院校"众创空间"发展模式探讨——以福建农林大学安溪茶学院为例［J］.

海峡科学，2018，144（12）：38-40.

[23] 洪涛. 应用型本科院校创新创业教育评价体系的构建[J]. 齐齐哈尔大学学报（哲学社会科学版），2015（11）：145-147.

[24] 胡家保. 创新驱动视域下构建高校创新创业教育生态圈[J]. 教育评论，2018：62-66.

[25] 黄国辉. 地方高校大学生创业教育生态系统的构建[J]. 创新与创业教育，2015（1）：21-24.

[26] 黄娇，彭宇文. 新时代民办高校思想政治工作机制创新研究[J]. 思想理论教育导刊，2018，238（10）：156-159.

[27] 黄涛，黄霖. 协同创新视阈下DT时代大学生创业新思路研究[J]. 创新创业理论研究与实践，2018（19）：121-123.

[28] 季芳. 基于海峡两岸对比分析的高职院校创新创业教学模式研究——以电子商务专业为例[J]. 决策探索，2019，604（2）：63-66.

[29] 贾耀忠，张剑英. 高校思想政治理论课加强马克思主义意识形态教育的路径[J]. 高校马克思主义理论研究，2018（4）：118-123.

[30] 江玮璠，李文，汪丽琴，等．我国创新创业教育发展存在的问题及对策［J］．科技广场，2013（11）：252-256．

[31] 焦新安，胡效亚，张清，等．地方综合性大学创新创业教育的思考与实践——以扬州大学"四位一体"创新创业人才培养为例［J］．中国大学教学，2017（5）：58-63．

[32] 瞿颖．基于创新创业视角的高等职业院校外语专业人才培养研究［J］．江西电力职业技术学院学报，2018，31（9）：71-72．

[33] 康秀云．论十年来大学生思想政治教育的方法创新［J］．思想理论教育导刊，2012（8）：93-96．

[34] 李东生．立德树人理论结构的多维视角分析［J］．漯河职业技术学院学报，2015（1）：176-178．

[35] 李光耀，仲忱，张奥．基于生态系统理论的大学生创新创业模式建设研究［J］．中国管理信息化，2017（13）：245-247．

[36] 李建华，夏建文．立德树人之道：大学生社会主义核心价值观的培育与践行研究［M］．北

京:人民出版社,2015.

[37] 李立军,崔伟,李俊芳,等.浅析三峡大学创新创业人才培养的路径研究——基于对浙江大学等六所高校调研报告[J].教育教学论坛,2019,399(5):85-86.

[38] 李梁."慕课"视域下深化思想政治理论课教学改革的若干思考[J].思想理论教育导刊,2014(12):68-71.

[39] 李梦娥,杨庚.充分发挥大学科技园作用 推动创新创业教育质的发展[J].高教学刊,2016(24):1-2,5.

[40] 李鹏,周立雪,丁振华.立德树人视野下的高职院校创新创业教育探究[J].智库时代,2018,143(27):153,161.

[41] 李秋斌.大学生创新创业教育基本模式和路径选择[J].闽江学院学报,2014,35(1):118-124.

[42] 李效武.新时代高校贯彻"三全育人"理念的实践创新研究[J].平顶山学院学报,2019,34(1):19-24.

[43] 李雪.西部医学院校创新创业教育现状及发展

策略研究——以遵义医科大学为例[J]. 高教学刊, 2019, 106 (10): 33-35.

[44] 梁韦娟. 应用型高校创新创业文化建设探究[J]. 高等财经教育研究, 2019 (1): 32-35.

[45] 刘辉. 思想政治教育融入大学生创新创业教育研究[J]. 成才之路, 2018 (10): 14.

[46] 刘满萍, 陈冬林. 延安精神对大学生创业教育的启示[J]. 岳阳职业技术学院学报, 2015, 30 (6): 43-46.

[47] 刘月秀. 我国高校创新创业教育的短板分析与行动策略[J]. 教育与职业, 2019, 930 (2): 62-65.

[48] 吕静波, 袁燕. 职业培训与终身教育[J]. 山东人力资源和社会保障, 2005 (7): 38-39.

[49] 吕宁. 高校"思政课程"与"课程思政"协同育人的思路探析[J]. 大学教育, 2018 (1): 122-124.

[50] 罗国立, 菅新艳. 创新创业教育与专业课教学融合路径研究[J]. 科技创业月刊, 2017 (18): 51-53.

[51] 马俊. 思想政治教育视域下大学生创新创业教

育路径研究［D］.沈阳：沈阳建筑大学，2018.

[52] 毛荟.高校创业教育生态评估——基于山西省高校的实证分析［D］.临汾：山西师范大学，2018.

[53] 潘懋元，朱乐平.以创新文化养人，以创业实践育才［J］.中国高等教育，2017（8）：49－51.

[54] 彭昱.当代大学生德育中主题教育模式的理论与实务探析［M］.北京：中国水利水电出版社，2018.

[55] 乔娜.新加坡创新创业教育体系的建设与启示［J］.世界教育信息，2019，32（1）：39－45，53.

[56] 邵立杰.高校创业教育生态系统主体作用路径研究［J］.北京农业职业学院学报，2018，32（6）：82－87.

[57] 邵敏.创新创业教育服务质量评价与提升研究——以黑龙江省四所院校为例［D］.哈尔滨：东北农业大学，2018.

[58] 宋梦梦.我国高校创业教育生态系统发展现状的多案例研究［D］.天津：天津职业技术师范

大学，2017.

[59] 汤卫东，刘美玲. 浅析高校计算机实验教学创新创业型人才的培养路径［J］. 课程教育研究，2018（49）：232-234.

[60] 唐嘉芳. 创新创业教育与大学生自身可持续发展［J］. 教育与职业，2008（29）：189-190.

[61] 王波，姚进生，杨信锟，等. 构建开放协同多元联动的创新创业教育生态系统——基于福建省某应用技术型高校的实践探索［J］. 新西部，2018，462（12）：59-60，66.

[62] 王洪才，李湘萍，卢晓东. "推进一流本科教育，提高人才培养质量"的理念、路径与方法（笔谈）［J］. 重庆高教研究，2019，7（1）：23-26.

[63] 王晶晶，于洋，郭雪松. 人力资源定量管理理论应用于创新创业人才培养的构想［J］. 经营与管理，2015（9）：148-150.

[64] 王明杰. 主要发达国家城市创新创业生态体系建设比较研究——以德国、美国、英国、法国为例［J］. 行政论坛，2016，23（2）：99-104.

[65] 王亚非. 坚持立德树人根本任务开创高校思想政治工作新局面[J]. 中国高教研究,2019,305(1):1-5.

[66] 王焰新. 高校创新创业教育的反思与模式构建[J]. 中国大学教学,2015(4):4-7,24.

[67] 王占仁. 高校创新创业教育观念变革的整体构想[J]. 中国高教研究,2015(7):75-78.

[68] 温荣. 基于生态系统理论的高校创新创业教育课程体系协同构建——以郑州工商学院为例[J]. 科教导刊,2018,356(32):168-169,188.

[69] 巫春庚,雷志成. 自媒体时代的高职院校思想政治教育工作协同创新机制[J]. 教育与职业,2015(32):41-43.

[70] 吴红云. 基于人本主义教育视角的研究型大学创业教育模式研究[D]. 合肥:中国科学技术大学,2018.

[71] 吴梦陵,王辛,孔凡新,等."工匠精神"思维下应用型本科高校"学历学位+岗位技能+职业资格"的融合培养人才模式研究[J]. 教育现代化,2018,5(49):7-9.

[72] 武国剑. 加强高校大学生主题教育网站建设的实践与思考 [J]. 思想理论教育导刊, 2010 (12): 111-113.

[73] 席捷. 思想政治教育与创新型人才培养关系探析 [J]. 智富时代, 2016 (9): 181.

[74] 熊云飚. 人力资本与社会发展 [J]. 云南民族学院学报 (哲学社会科学版), 2002 (4): 55-57.

[75] 杨春平. 浅谈私营企业人力资本运营机制的构建 [J]. 中国商论, 2010 (19): 76-77.

[76] 杨江文. 河北省高职院校创新创业教育研究 [D]. 石家庄: 河北师范大学, 2018.

[77] 杨文燮. 高校制度创业教育模式及运行机制研究——基于高校思想政治教育深化延伸的新视角 [D]. 南京: 东南大学, 2016.

[78] 杨晓慧. 高校创业教育生态系统建设的国际比较和中国特色 [J]. 中国高教研究, 2018 (1): 48-52.

[79] 杨照帅. 新时代思想政治教育与创新人才培养 [J]. 人民论坛, 2018, 613 (32): 116-117.

[80] 叶锋. 高职院校思想政治教育与人文通识教育

融合与实施研究［J］．浙江工贸职业技术学院学报，2018，18（4）：40-44．

［81］易苗．论高职院校创新创业教育教师的成长路径［J］．教师教育论坛，2016（11）：30-33．

［82］殷春华，许纯昕．高校创业文化建设的现状及思考——以南通大学为例［J］．盐城师范学院学报（人文社会科学版），2014（4）：34-37．

［83］于涵．新时代的高考定位与内容改革实施路径［J］．中国考试，2019，321（1）：1-9．

［84］于瑮，李海波．论新时代牢牢掌握高校意识形态工作领导权［J］．社会科学家，2018，259（11）：150-155．

［85］余三定．中国共产党与中国人文社会科学近四十年的发展［J］．中南大学学报（社会科学版），2018，24（6）：1-5，17．

［86］占明珍．创新创业教育与高校电子商务专业人才培养融合的研究综述［J］．经营管理者，2013（3）：262．

［87］张锋．供给侧改革背景下高职创新创业教育发展现状及对策研究［J］．机械职业教育，2018，395（12）：34-37．

[88] 张冠蓉. 高校创新创业人才培养的协同机制研究 [D]. 太原：山西大学，2017.

[89] 张光富，鲁娉，郭自嘉，等. 基于产学研用结合的创新创业协同育人研究 [J]. 科技视界，2018，253（31）：113-115.

[90] 张建，陶霁月，杨海斌. 双创背景下大学生特征及其对关工委工作新要求刍议 [J]. 科技创业月刊，2018，31（9）：77-81.

[91] 张新. 基于平台生态的网络众包驱动行为与激励策略研究 [D]. 南京：东南大学，2017.

[92] 张志元，雷慧俊. 高校社会主义核心价值观大众化的微传播思考 [J]. 思想理论教育导刊，2019（1）：101-104.

[93] 赵改变，高春强. 中北大学：创新创业教育硕果累累 [J]. 山西教育（管理版），2016（12）：6-9.

[94] 赵立香，李荣权，王雪，等. "互联网+"背景下农业院校学生创新创业教育 [J]. 河南农业，2017（29）：61-62.

[95] 郑丹. "双创"背景下高校构建大学生创新创业激励机制问题研究 [J]. 中国市场，2016

(17): 61-62.

[96] 郑舒琳. 高校创新创业教育信息平台的构建问题探讨——基于大数据技术 [J]. 成都师范学院学报, 2019, 35 (2): 43-47.

[97] 钟志华, 周斌, 蔡三发. 高校创新创业教育组织机构类型与内涵发展 [J]. 中国高等教育, 2018 (22): 15-17.

[98] 周根飞. 创业教育生态系统各利益相关者的角色建构及研究综述 [J]. 南方论刊, 2018, 321 (6): 62-65.

[99] 周志太. 基于经济学视角的协同创新网络研究 [D]. 长春: 吉林大学, 2013.